学校ふしぎクラブと
言葉の国

漫画
篠崎カズヒロ
構成
北田 瀧

飛鳥新社

学校ふしぎクラブと言葉の国　もくじ

【プロローグ】
とんでもないトコに来ちゃったぞ！

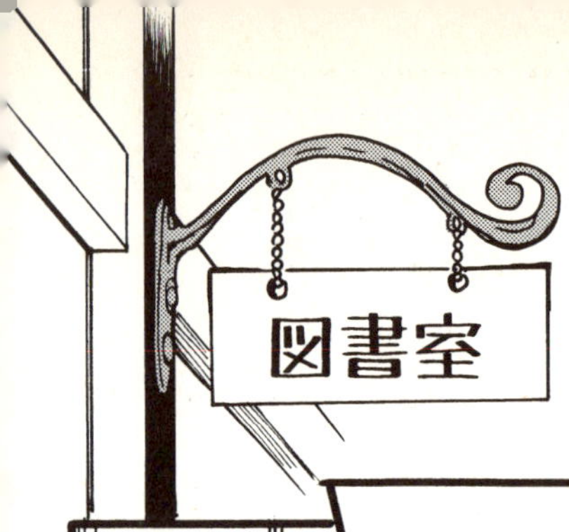

タクヤー
右サイド！
ワー
ワー
OK！
ポンッ
…ふん
ヘタクソ
二度とお前らと
一緒にやってやるもんか
ゴール!!
……
ナイス
アシスト！
ナイッ
シュー！
ワー
ワー
補欠の
くせに！
まあ
全員が反省して
オレに戻ってくれ
って謝るなら考えて
やってもいいけどさ
トゥルトゥル
トゥルトゥル
トゥルトゥ
トゥル

あたふた
トゥルトゥル
トゥルトゥル
トゥルトゥル
トゥルトゥル
あーっ もしもし ママ？
急に電話してこないでよね で何の用？
図書室
新入荷!
帰宅時間？ あーもう分かってるよ！
今日が桜木さんの誕生日なんでしょ!!
桜木さんじゃないでしょ！ パパでしょ!!
あーハイハイ 分かったから じゃあね！
チナツ 何か複雑そうな話だね
パッシャン!!
何よ！ アンタには関係ないでしょ！
ダイスケは悩みなさそうでいいよな
お菓子が食べられれば幸せって顔してるぜ
否定はしないよ
でも一番は炭火焼肉！

そろそろ夕食の時間だしオイラもう帰ろうかな
ケイタ部活は？
ああ…今日はオレやめとくわ
返却期限を守ろう!!
世界百科事典を借りた児童へ
持出禁止図書です
早く返しましょう!!
021～030
歴史
031～040
地理
コッ
コッ
コッ
コッ
ピタッ
やあ諸君
放課後に呼び出してゴメン！
！
君は…
六組のユウト！

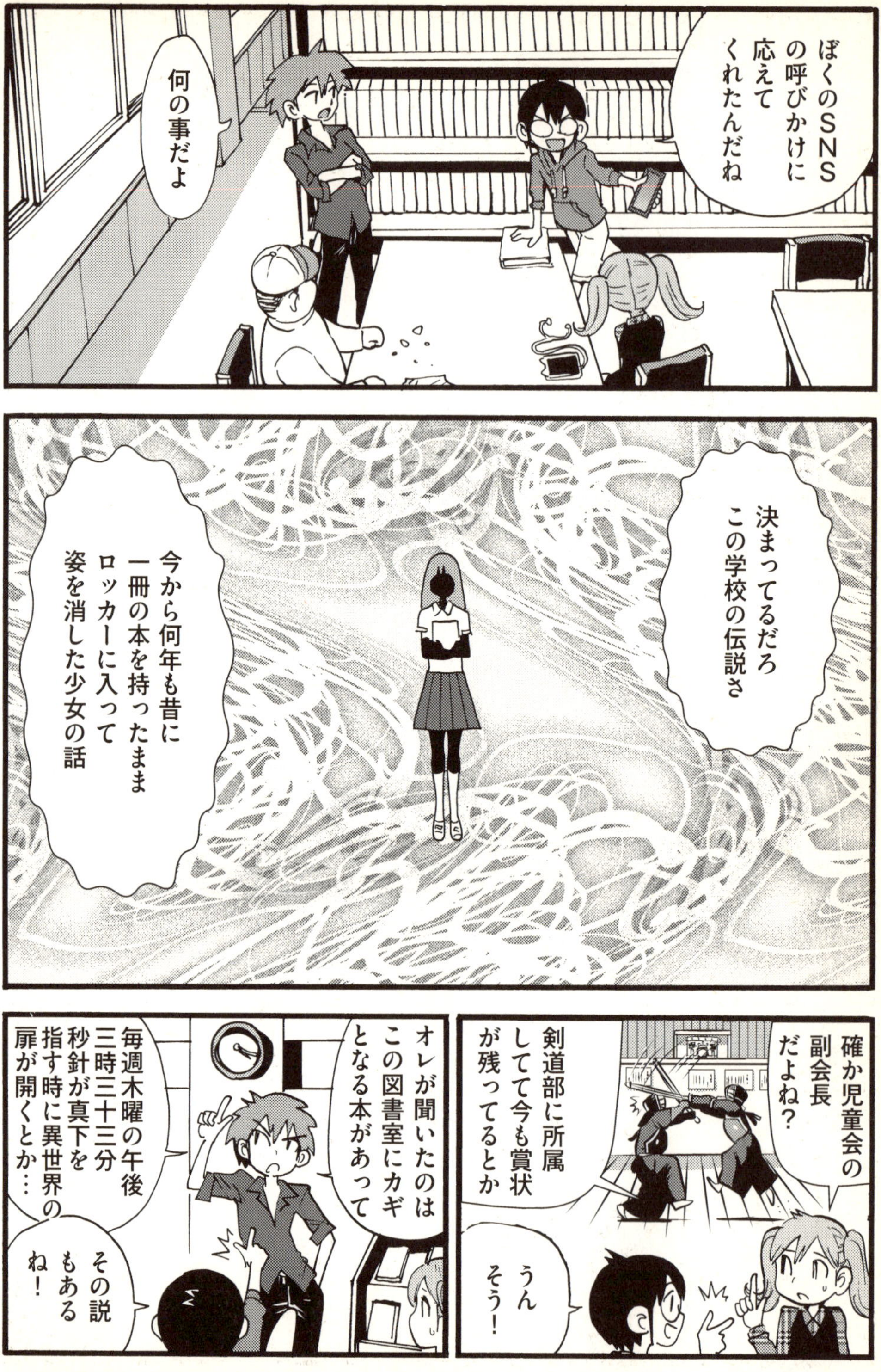
ぼくのSNSの呼びかけに応えてくれたんだね
何の事だよ
決まってるだろこの学校の伝説さ
今から何年も昔に一冊の本を持ったままロッカーに入って姿を消した少女の話
確か児童会の副会長だよね？
剣道部に所属してて今も賞状が残ってるとか
うんそう！
オレが聞いたのはこの図書室にカギとなる本があって
毎週木曜の午後三時三十三分秒針が真下を指す時に異世界の扉が開くとか…
その説もあるね！

我ら〝学校ふしぎクラブ〟としてはぜひそれを検証したい！
勝手にクラブ作んないでよ
バカバカしい帰ろうぜ！
ボクも歯医者に行く予定が…
ちょちょっと待ってくれ！
そうだ条件を出そう！
協力してくれたら今日の読書感想文の宿題引き受けるぞ!!
ホントに？
悪くないなお前、国語の成績いいんだって？
学級委員長で飼育係の班長！
算数は苦手だけど詩と俳句は大得意任せとけ！
そうと決まれば善は急げだ！
時間前に各自カギになりそうな本を探して集合！

ケイタは『宝島』
チナツは『オズの魔法使い』
オズの魔法使い
ダイスケは『アリババと四十人の盗賊《とうぞく》』
源氏物語と迷ったんだけど
うんうん
ぼくはこれ!
西遊記
西遊記!

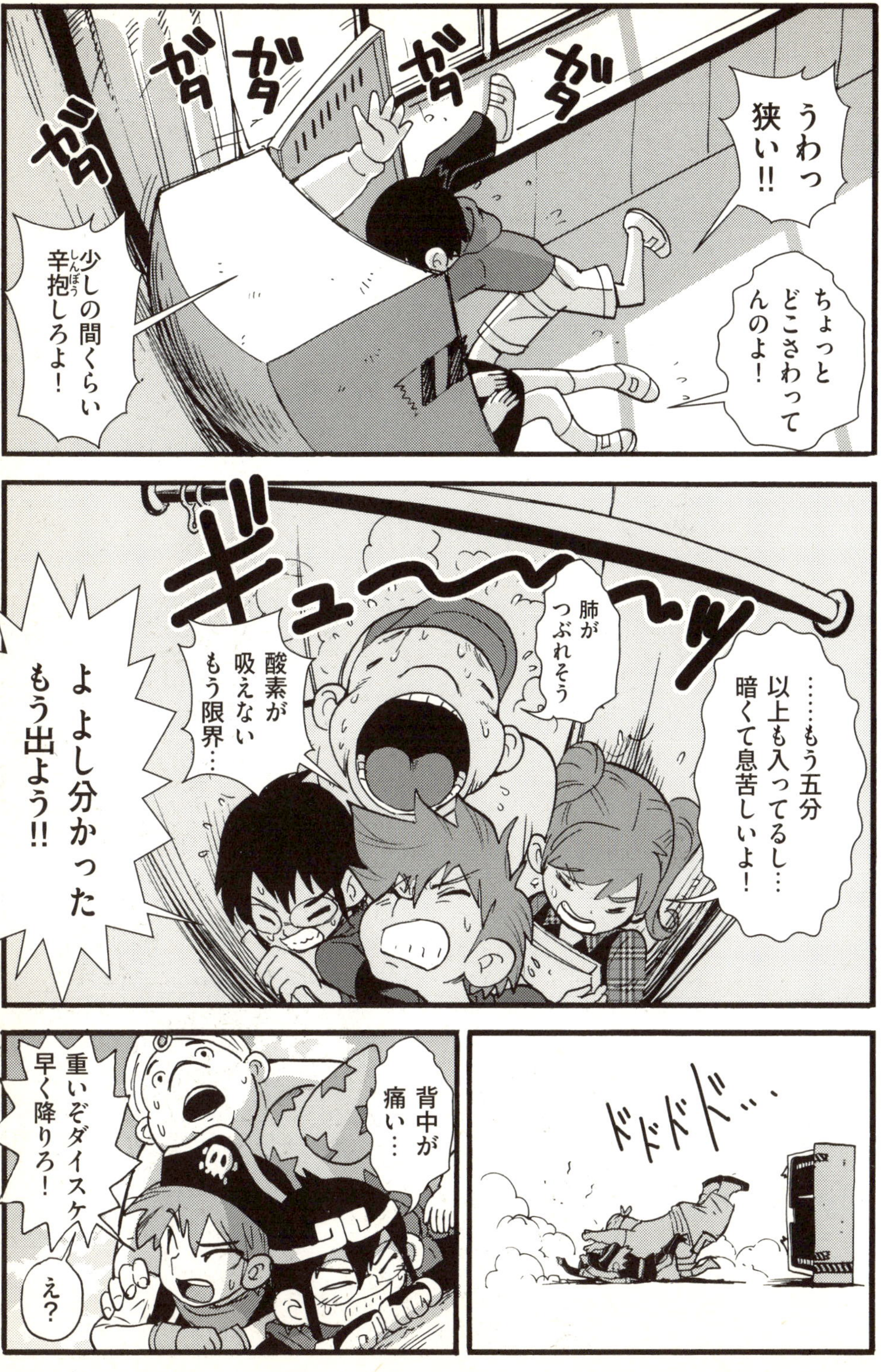

ガタ
ガタ
ガタ
ガタ
ガタ
うわっ狭い!!
ちょっとどこさわってんのよ!
少しの間くらい辛抱《しんぼう》しろよ!
ギュ〜〜〜ッ
……もう五分以上も入ってるし…暗くて息苦しいよ!
肺がつぶれそう
酸素が吸えないもう限界…
よ よし分かったもう出よう!!
ドドドド…
背中が痛い…
重いぞダイスケ早く降りろ!
え?

どこだ
ここは!?

広い…草原？
何、このかっこう？
ケイタ海賊みたいだね
どうやら全員持ってた本の主人公になってるみたいだ
大変！ 掃除用具入れが！
やべっ急いで戻れ!!
だっ!!
しゅ
消えた… 帰れないって事？

ドドドド
ウオオオオ
ドドドドドドドドド
ドドドドドドド

がははは
ははー!!
総大将・牛魔王
投石器に点火だ！
撃て!!
ヒュン
ヒュン

どーーん!
どかーーん!
牛魔大王
ワハハハ
血祭りにしろ!
逃げる者は
包囲して弓で
射るのだ!
銀閣(弟)
がってん
でさぁ
金閣(兄)

わが軍の勝利だ!!
残党を追って討ち取るのだ!!
金
銀
ドドド ドドドドド
これって戦争…なのかな?

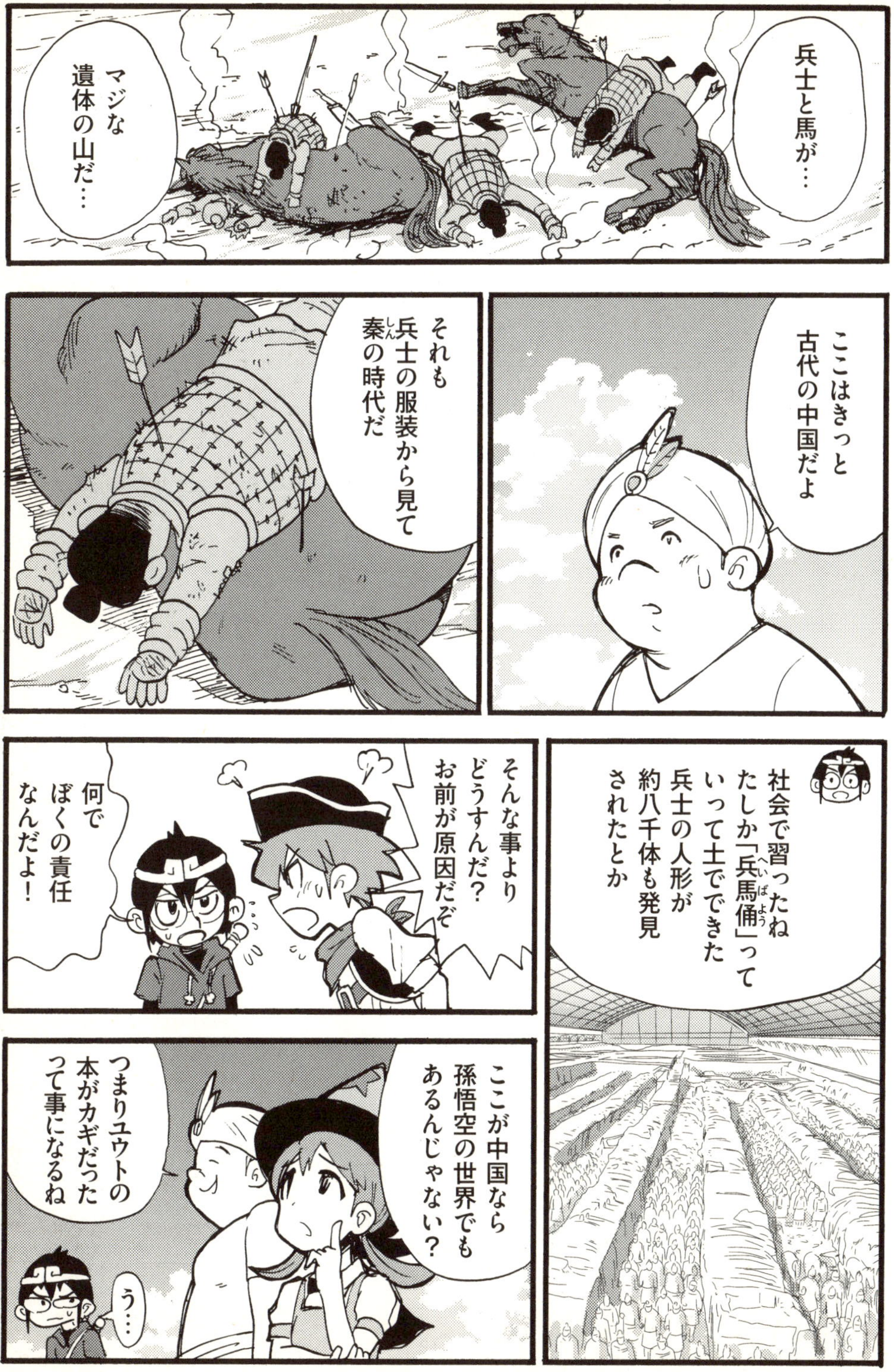
兵士と馬が…
マジな遺体の山だ…
ここはきっと古代の中国だよ
それも兵士の服装から見て秦《しん》の時代だ
社会で習ったね たしか「兵馬俑《へいばよう》」っていって土でできた兵士の人形が約八千体も発見されたとか
そんな事よりどうすんだ？お前が原因だぞ
何でぼくの責任なんだよ！
ここが中国なら孫悟空の世界でもあるんじゃない？
つまりユウトの本がカギだったって事になるね
う…

孫悟空：西遊記の主人公

ああ〜ん!!
おうちに帰りたいよー!
方位磁石がないから方角も分かんない
泣き言垂れてんじゃねーよ!
そんな事言うなら解決策を示せよ
元の世界に戻りたくば
五枚のピースを集めなさい!!
!
え?

今どこからか女性の声がしたわ
天の神様か?
五枚のピースって何?
分からない
でもそれがたった一つの希望だっていうんなら——
そのピースってのを探しに行こう!!
オーーッ!!
え?マジで!?
腹が減ったよ~

学校ふしぎクラブのメンバー

ケイタ

サッカー部のエースストライカー。活発だがやや強引なところもある。

ユウト

国語が得意な六年六組の学級委員長。

チナツ

ピアノが得意。いつもケータイで音楽をきいている。

ダイスケ

おやつとパズルに目がない。おっとりした性格。

【第一章】
ぼくは孫悟空

暑い……
干からびそうだ…
水が飲みたい…
河とか湖とかねーかな
ある訳ないでしょ池や小川すらないのに
もう一歩も歩けない心が折れた～
足が棒みたい
ちょっと休もうぜ

ああ…骨付き
フライドチキン
こういう
場合はまず
水でしょ…
これって
ぼくのせい？
このまま
帰れないなんて
事はないよな…
母さん……

よし！
国語テスト 100
この百点満点の答案用紙見たら母さん驚くぞ
テーブルにそっと置いてあるこのさりげなさがポイントだな
すごいわねーユウト！
よくがんばったわ！
ふふ～ん！
ただいまー
ふぅ 疲れた～
ドサッ
豆腐
MILK
ぴらっ

ユウト！
また紙クズなんか
そのままにして
こっちは仕事で
忙しいんだから
自分で片づけてよ!!
紙クズ？……
ねえ冷蔵庫に
荷物入れるの
手伝って！
紙クズなんだね
母さんに
とっては
え？
母さんなんて
大っ嫌いだ!!
ダッ!!
ユウト

いつも仕事 仕事……
帰っても勤務先の
文句ばかり……
ぶつ
ぶつ
ぼくより仕事や
給料の方が
大切なんだ…
おいユウト
早く億万長者になって楽させて
あげようと思ってるのに……
ぶつ
ぶつ
ぶつ
ぶつ
だから勉強だって
朝昼晩と努力してるのに…
聞いてんの
かよ!!
ほら
水!
冷たい!
どうしたの
これ?
んぐっ
んぐっ
その子
だよ!

はじめまして
メイメイよ!
村の娘《むすめ》・メイメイ
あ…ありがとう
ぼくはユウト!
幸運にも通りかかって助けてくれたんだ
目と鼻の先に私の村があるわ!
ここよ!
おおー!!

私の家族よ
こんにちはー！
おお!!
ぐつ
ぐつ
この里は貧しい農家ばかりだからお茶と豆がゆ位しかないが…
頂きます!!
うめ〜!!
ダイスケ…少しは遠慮しなさいよ

ところでお客人この辺じゃ見かけん顔だがどこから来られたのだ？
ぼくたちは日本という別の世界から…
ユウト！
そんな話しても通じるわけないだろ
じゃあ何て説明するんだよ
？
お代わりは？まだ残ってるよ
胃や腸に栄養が染みわたります!!
ちょっと！
おやどうしたんだろうね
ざわ ざわ ざわ
何やら表がさわがしいようだが

ドン!!
金
銀
あいつら!
さっき砂漠にいた軍団ね…

お前らに宣告する！
この一帯の国境警備隊は全て倒した！
今からこの地区は牛馬から草木に至るまで牛魔王様が支配する!!
みんなやられちまった？
先祖から守り続けてた村が…
くそう…
まず手始めに大王にいけにえを捧げよ！
命令に従わねばこの村を燃やし灰にしてやる！

いけにえは適当に選ぶとするか…
お前だ！
ジャキッ
メイメイ…
いいか！翌朝までにその娘を連れて来い!!
ガハハハハハハ
安心しろ！最高の味つけで食ってやる!!

どうしよう
このままじゃ
メイメイが…
どうしよう
ったって
子供のオイラ達に
何ができるんだよ
子供とか大人とか
関係ないだろ
困ってる人を見捨てるなんて
主人公じゃないぜ
みんな
ありがとう…
でも私
行くわ
この村を
守るには
そうするしか
ないもの
メイメイ
だめだ！
行くな!!
君は命の恩人だ
見殺しになんて
できない！
このまま行かせて
後悔しながら
一生を過ごすなんて
ごめんだ！
ガッ

一刀両断：一つの刀で物をまっ二つに切る事

鋼鉄の刀だぞ!!
一刀両断!!
ドカッ

木端微塵：粉になってくだけ散る事

今度はぼくの番だ!
木端微塵《こっぱみじん》!!
パチパチ
ボゴッ

オ…
オイラは…
武器なんて使えそうにないよ…
私も無理～～
任せとけ！正義は必ず勝つ!!
金閣・銀閣兄弟と大将の牛魔王はぼく達で倒すよ
ドン!!
でも
どうやって接近するつもり？
ぼくに提案がある！
オオオオオ
ガラガラ…

牛魔王様!!
地域制圧を祝福する
貢《みつ》ぎ物をお届けに
参りました！
ほう
確かに
うまそうな娘だ
！
おい
ちょっと待て
台車の後ろに
ある袋は何だ!?

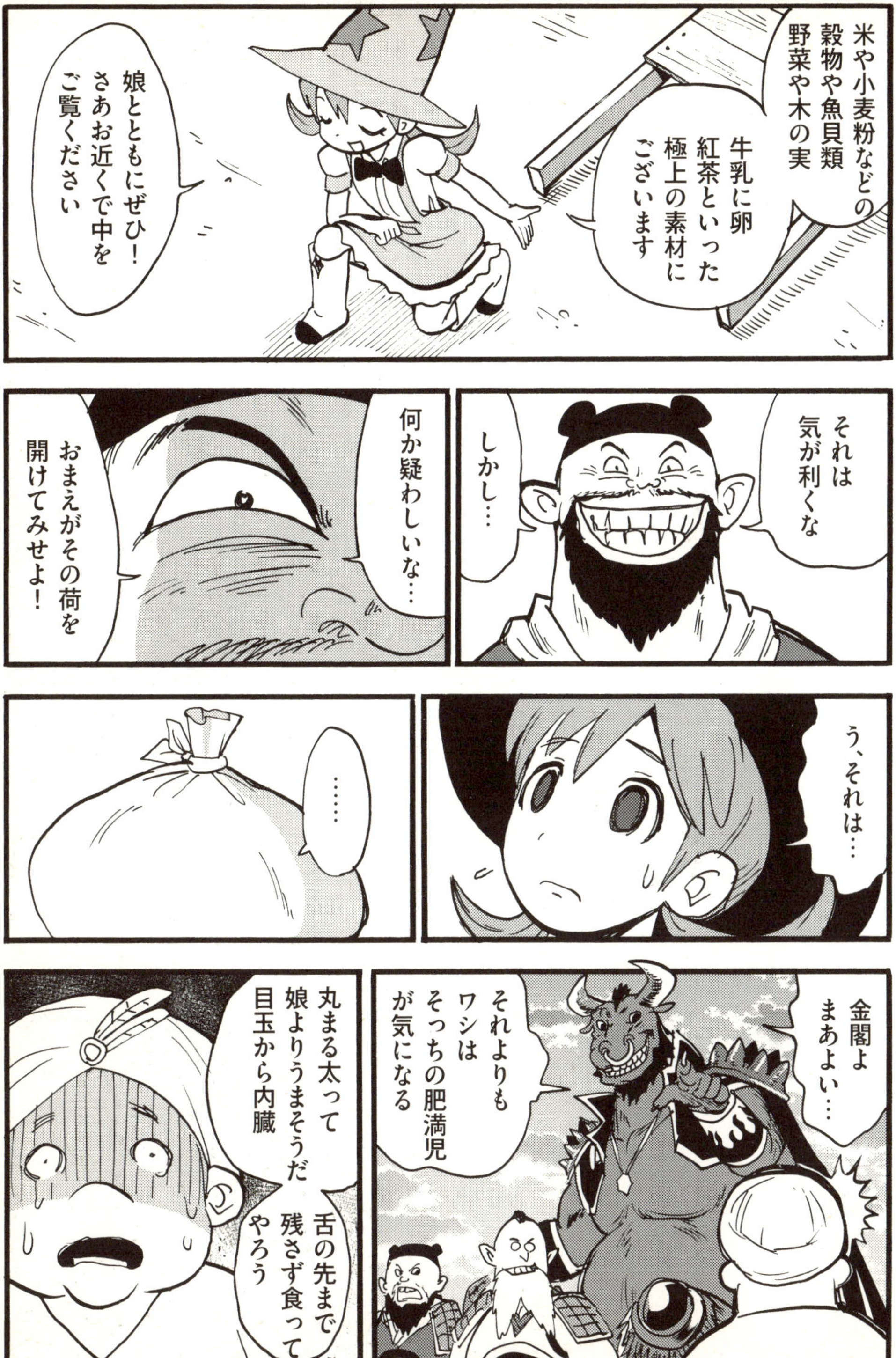
米や小麦粉などの穀物や魚貝類野菜や木の実
牛乳に卵紅茶といった極上の素材にございます
娘とともにぜひ！さあお近くで中をご覧ください
それは気が利くな
しかし…
何か疑わしいな…
おまえがその荷を開けてみせよ！
う、それは…
……
金閣よまあよい…
それよりもワシはそっちの肥満児が気になる
丸まる太って娘よりうまそうだ目玉から内臓
舌の先まで残さず食ってやろう

ケイタ ユウト どうしよう……
バカ！今話しかけるな！
やはり何ともあやしい袋…
金閣よ！
ワシの術の巻き物を授ける使うがよい
ハハッ
興奮するぜ
月夜で撒《ま》いた
月夜でまいた!!

ゴオォォオッッ
キャー!!
くっ…

どこがいい考えだよユウト！ソッコーでばれちまったじゃねーか！
ケイタ！今は言い争いしてる場合じゃない
それよりあの巻き物何かあるぞ
やはりな…
食べ物を装ってオレ達を襲《おそ》う計画だったか！
考えの浅いガキ共よ墓の準備はいいか！
弱い大蛇《おろち》
弱いおろち！

うわぁぁぁ
ボト ボト ボト
何で弱い大蛇《おろち》って書いてるのに上から岩が落ちてくるんだ!?
フハハハハハー!!
くそぅ!! 意味が分からん!!
こうなりゃ破れかぶれだ
ドドドドド
貧弱貧弱ゥ!!
ボコン!!

フハハハハハーッ!!
……
こざかしい虫ケラめ!!
全員蒸し焼きにして食ってやる!!
その後でお前らの村に戻って血の雨を降らせてやる!
!

そんな…
ひどい……
どうすんだよ
ユウト！
お前が西遊記なんか
持ってくるから…
！
西遊記…
そうだ！
この世界では
ぼくが主人公なんだ
て事は…
何ぶつぶつ
言ってやがる!!
ぐわっ
潔く
死ねぇ！
筋斗《と》雲〜〜!!
キラッ
え？
ぴゅー

ドッ

ぐわあっ！
分身の術!!
チビ悟空よ
縄を解け！
武器を拾って
ケイタに渡せ！
サンキュー
ユウト!!
パシッ
!!
ギャアアアアア…
しゅたっ

おのれ～
よくも兄者を…成敗してやる!!
伸びろ
?
如意棒《にょい》!!
ぐぃ～ん!!
ドドッ
ギャアアアア
伸び縮み自在の棒だと…? 忌々《いまいま》しい!
やった!
銀閣も倒したぞ!

行け！わが八千の兵隊よ！
往生ぎわの悪いガキ共の息の根を完全に止めろ！
うわぁどうする!?
すごい数の敵兵だ！
ザッザッザッザッ
何やってんのよこんな時に！
……
分かったぞ！
この巻き物の意味が!!

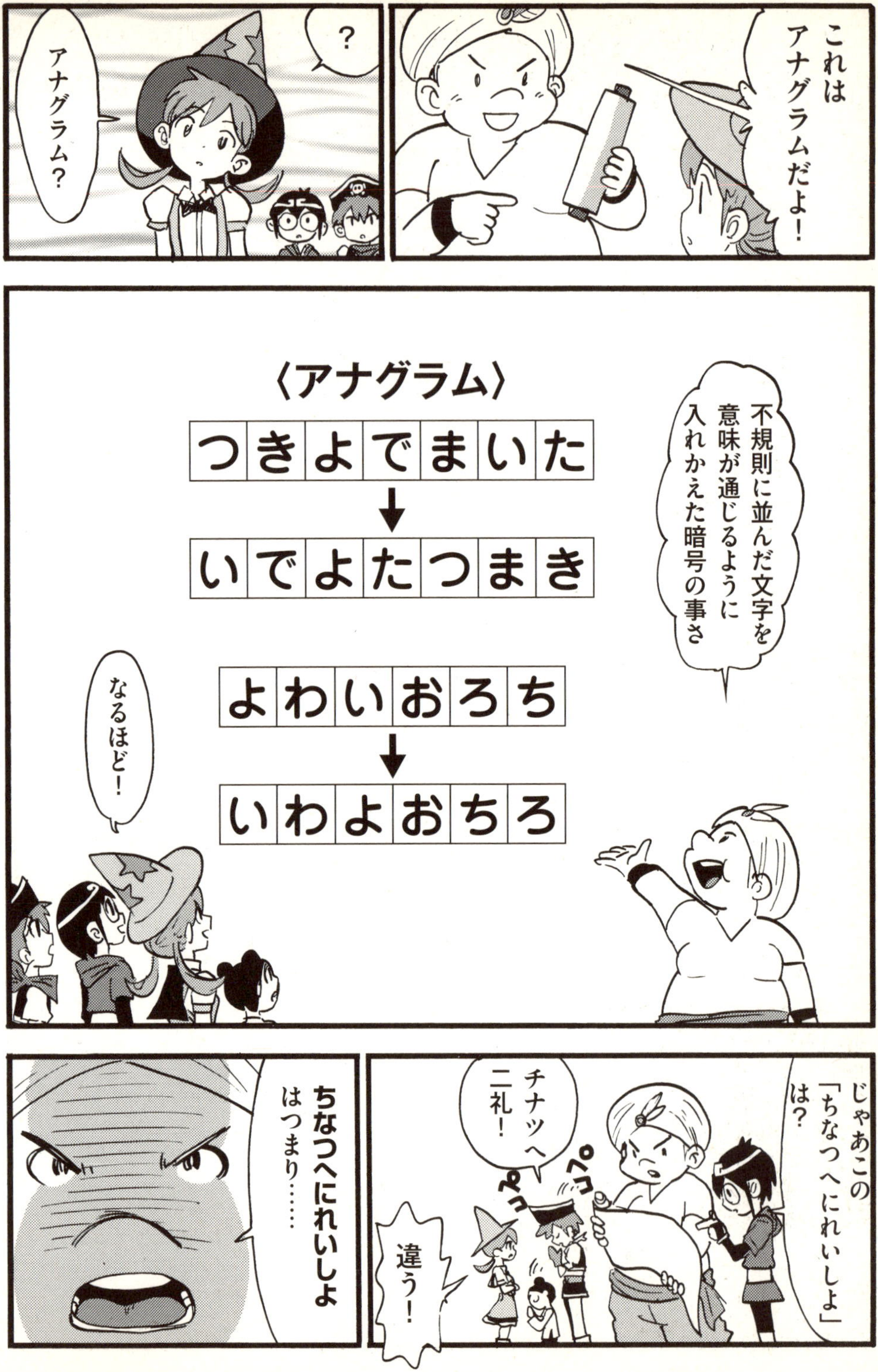
これはアナグラムだよ！
？
アナグラム？
不規則に並んだ文字を意味が通じるように入れかえた暗号の事さ
〈アナグラム〉
つきよでまいた
↓
いでよたつまき
よわいおろち
↓
いわよおちろ
なるほど！
じゃあこの「ちなつへにれいしよ」は？
チナツへ二礼！
ペコ
ペコ
違う！
ちなつへにれいしよはつまり……

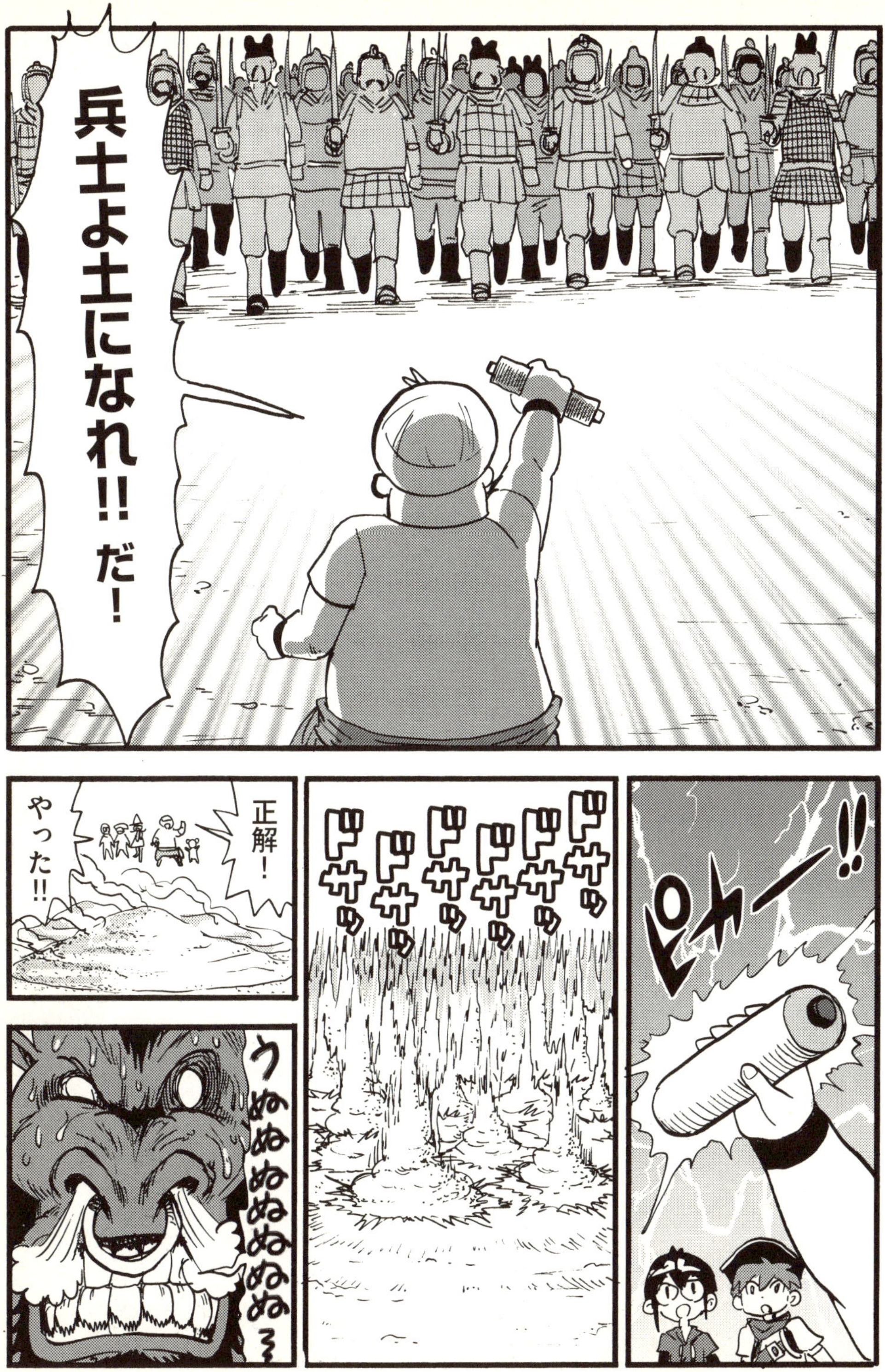
兵士よ土になれ!!
だ!
ペカー!!
ドサッ
ドサッ
ドサッ
ドサッ
ドサッ
正解!
やった!!
うぬぬぬぬぬぬぬぬ〜

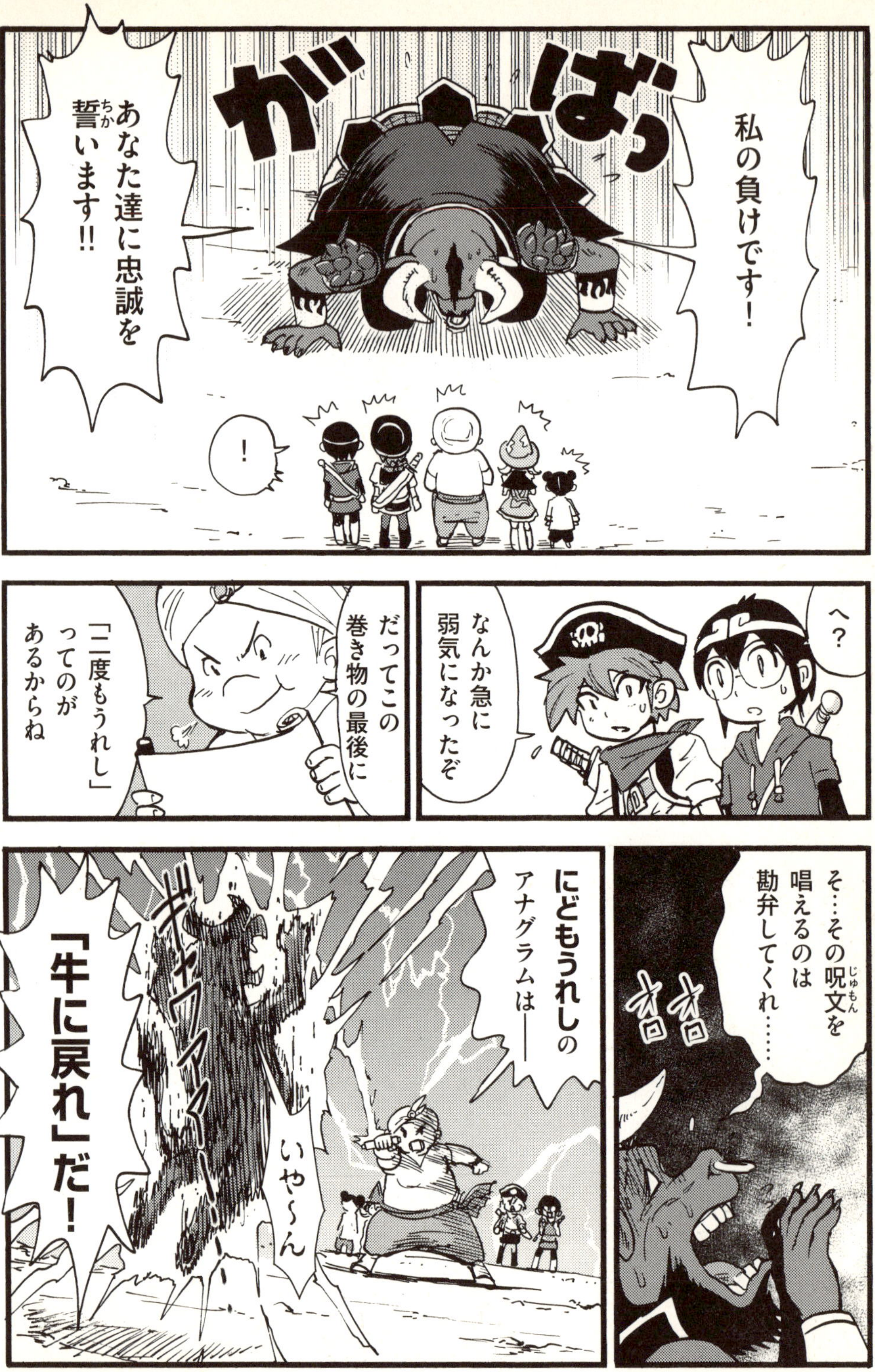

がばっ
私の負けです！
あなた達に忠誠を
誓《ちか》います!!
！
へ？
なんか急に
弱気になったぞ
だってこの
巻き物の最後に
「二度もうれし」
ってのが
あるからね
そ…その呪文《じゅもん》を
唱えるのは
勘弁してくれ……
オロ
オロ
にどもうれしの
アナグラムは――
「牛に戻れ」だ！
ギャワァァァー！
いや～ん

モォ〜〜
ちょい〜〜ん…
ダイスケ天才じゃん！
巻き物の秘密によく気づいたな！
必死になって脳みそを働かせたんだ
そしたら不思議と頭が整理できて
ねえ見て！この牛の首のとこ
ンモォ
何か下がってるね
「ノ」？
それがたぶんピースってやつだ！

ヴンッ!!
!
ロッカーが現れた!
これで帰れるんじゃない!?
オオオオオオ

君達のおかげで村は救われた
何とお礼を申せばよいいか
いえいいえ
助けて頂いたのはぼくらの方です
ありがとうメイメイ
おかゆおいしかったよ!
旅の方!
最後にお名前を!
ぼくかい?

孫悟空さ！

【第二章】

時が止まった国

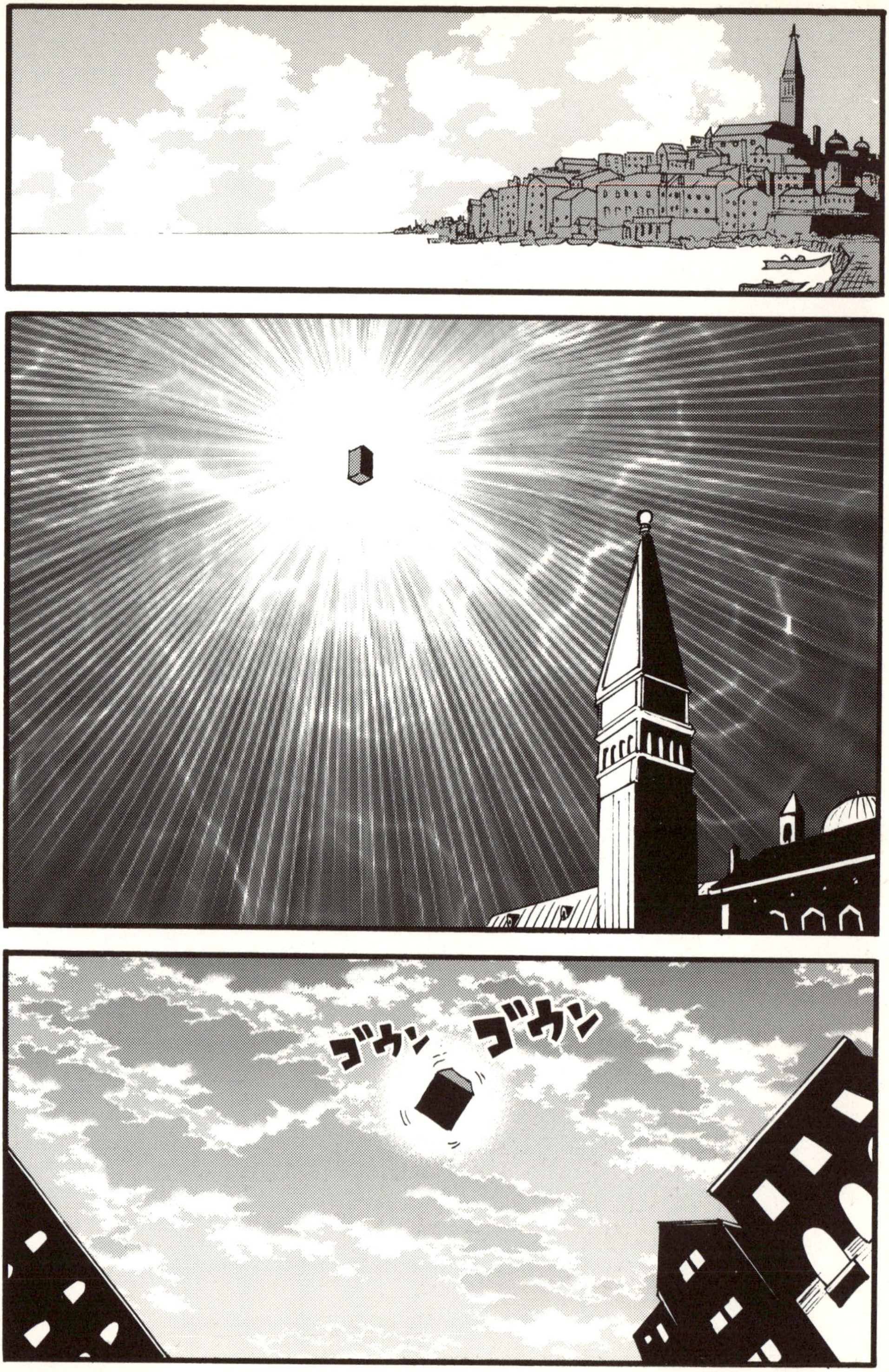
ゴウン　ゴウン

ゴトッ…
痛たたた
やっと着いた～
ドサドサ～
…ってえ!?
ここはどこ?
少なくとも元の校舎じゃない

HOT DOG
外国かな…？
そこそこ都会みたい…
あ！
またロッカーが消えちゃった…
やっぱり五個のピースを全て集めないと帰れねーって事か

とにかくここがどこか知る事が先決だ
あそこの漁師さんに聞いてみるね
あの～すみません
この町についてお尋ねしたいのですが…
！
あれ？
おいみんな!! 空を見てくれ!!
バッ
あの鳥 さっきからあそこに浮いたままだ！
何だって!?

おし寄せてくる
岸辺の波も
氷のように
固まったままだ
ここに来た時から
やけに静かで絵の中に
入りこんだような
感じがしてたけど…
ここに存在するもの
全てが止まってる!?
こらー!!

よた
よた
ドテッ
なんて事してくれたんだお前ら！
お前らが動くから時間がまた動き出したじゃないか！
時間が…動く？
そうよ!!

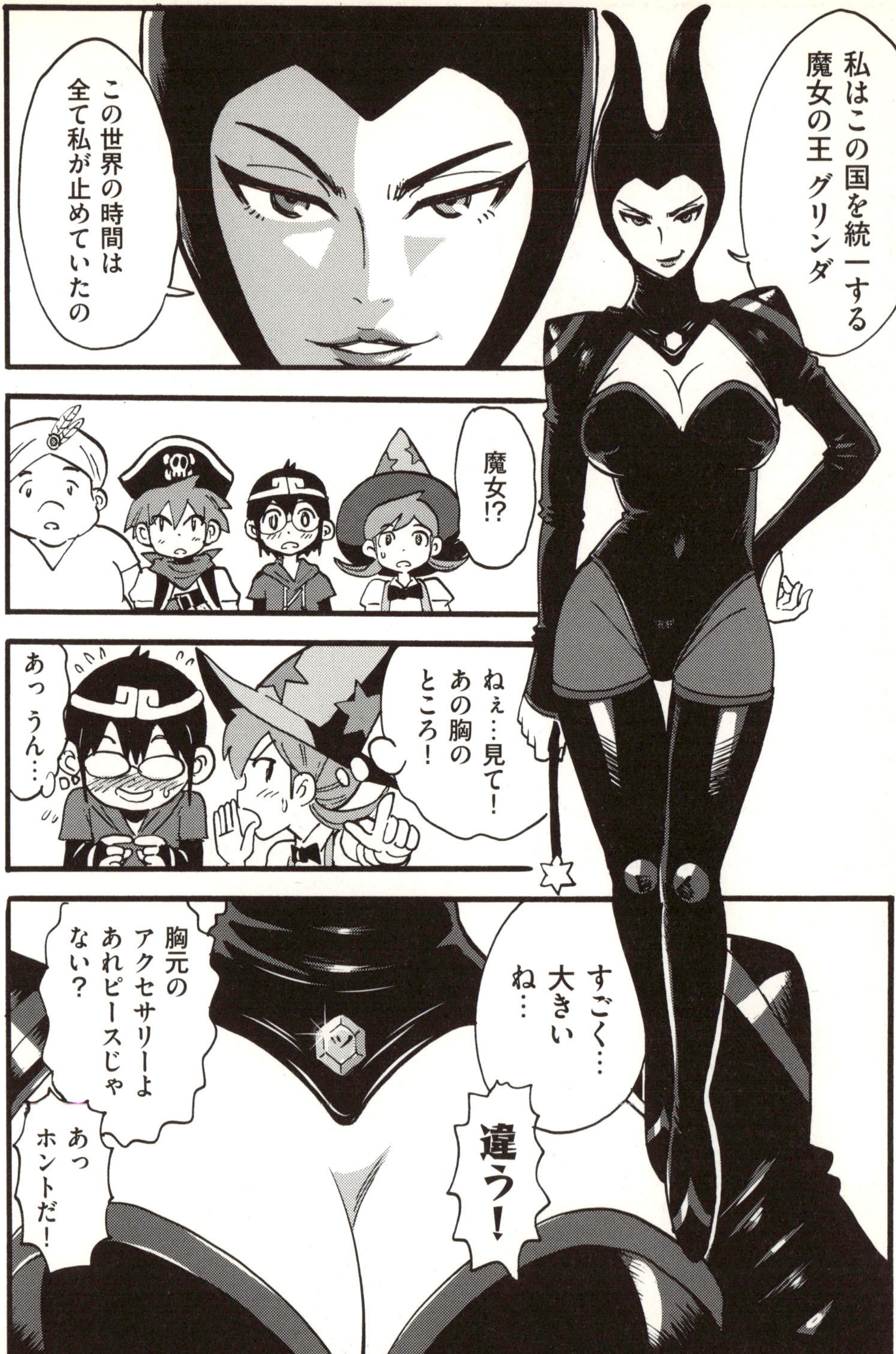
私はこの国を統一する
魔女の王 グリンダ
この世界の時間は
全て私が止めていたの
魔女!?
ねぇ…見て!
あの胸のところ!
あっ うん…
すごく…大きいね…
違う!
胸元のアクセサリーよ
あれピースじゃない?
あっ ホントだ!

おい さっき時間を止めるとか言ってたよな？
これ全部あんたの仕業か？
そうよ…
永遠に美しく生きるためにね
グリンダ様のおっしゃる通りだ！
時間を止めれば年も取らないし
おなかもすかない！
ヤな事が一つも起こらない！
まさに楽園だぜ！

時間って…
自然に流れるものじゃないんだ…
時間は何かが動く事で経過するのよ
時間は動いているよりも止まっている方が素晴らしいって事を教えて差しあげるわ
これはあなた達が住む側の世界を映し出す真実の鏡
自分達がいなくなった後の様子を見てご覧なさい
!
ワー
ワー
グラウンドだ…

暗くなってきたし帰ろうぜ!
OK!
じゃあ最後にビシッと
特訓の成果を!
それ!!
おお!キーパー反応した!
ガシッ
プッ そもそも球技の基本が…
ドンマイタクヤ!!
じゃあ練習終了
チョー惜しかったな!!
講堂横の体育倉庫にボールしまっといて!
!

失敗したのに
わい
わい
何でみんな笑ってんだよ――
くっ！
も…
もういい！
次は
あなたよ

母さんだ…
この商品さぁ
駅前の薬局のが
七円も安かったぜ
損したぜ
返金してくれよ！
申し訳
ございません……
ペコ
ペコ
開封後の商品の
ご返却はご遠慮
願っております
ああ!?

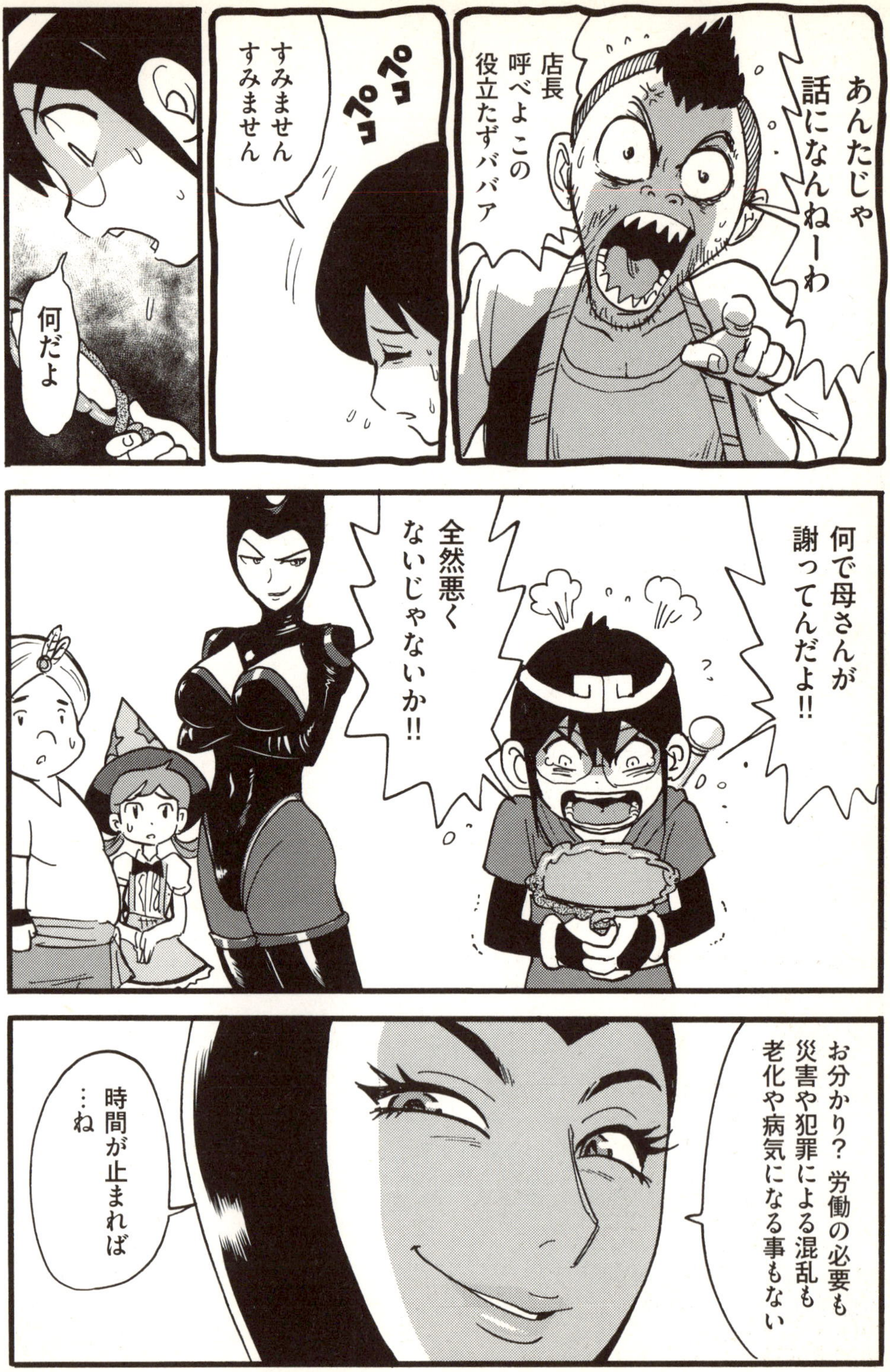
あんたじゃ
話になんねーわ
店長
呼べよこの
役立たずババア
ペコ
ペコ
すみません
すみません
何だよ
何で母さんが
謝ってんだよ!!
全然悪く
ないじゃないか!!
お分かり？ 労働の必要も
災害や犯罪による混乱も
老化や病気になる事もない
時間が止まれば
…ね

しょぼ～ん…
ズ～ン
あっ
ママが夕飯を作ってる……
ぐつ
ぐつ
今日はカレーライスだ!
うまそう!
そういえばもう何年も食べてないなぁ…

あ、あんたは
もういい!!
最後は
あなたよ！
ママだ……
RTH

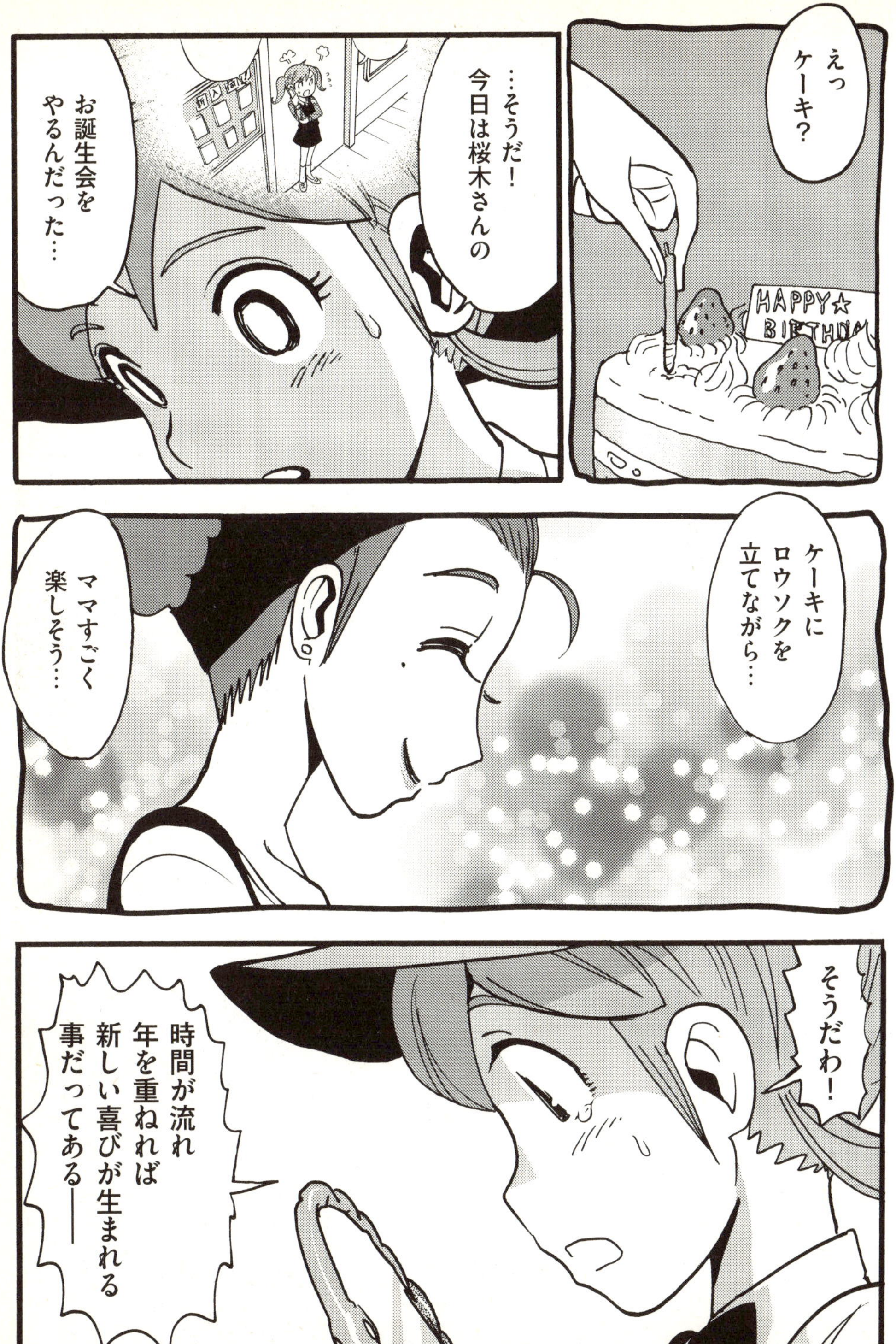
えっ
ケーキ?
HAPPY☆
…そうだ!
今日は桜木さんの
お誕生会を
やるんだった…
ケーキに
ロウソクを
立てながら…
ママすごく
楽しそう…
そうだわ!
時間が流れ
年を重ねれば
新しい喜びが生まれる
事だってある——

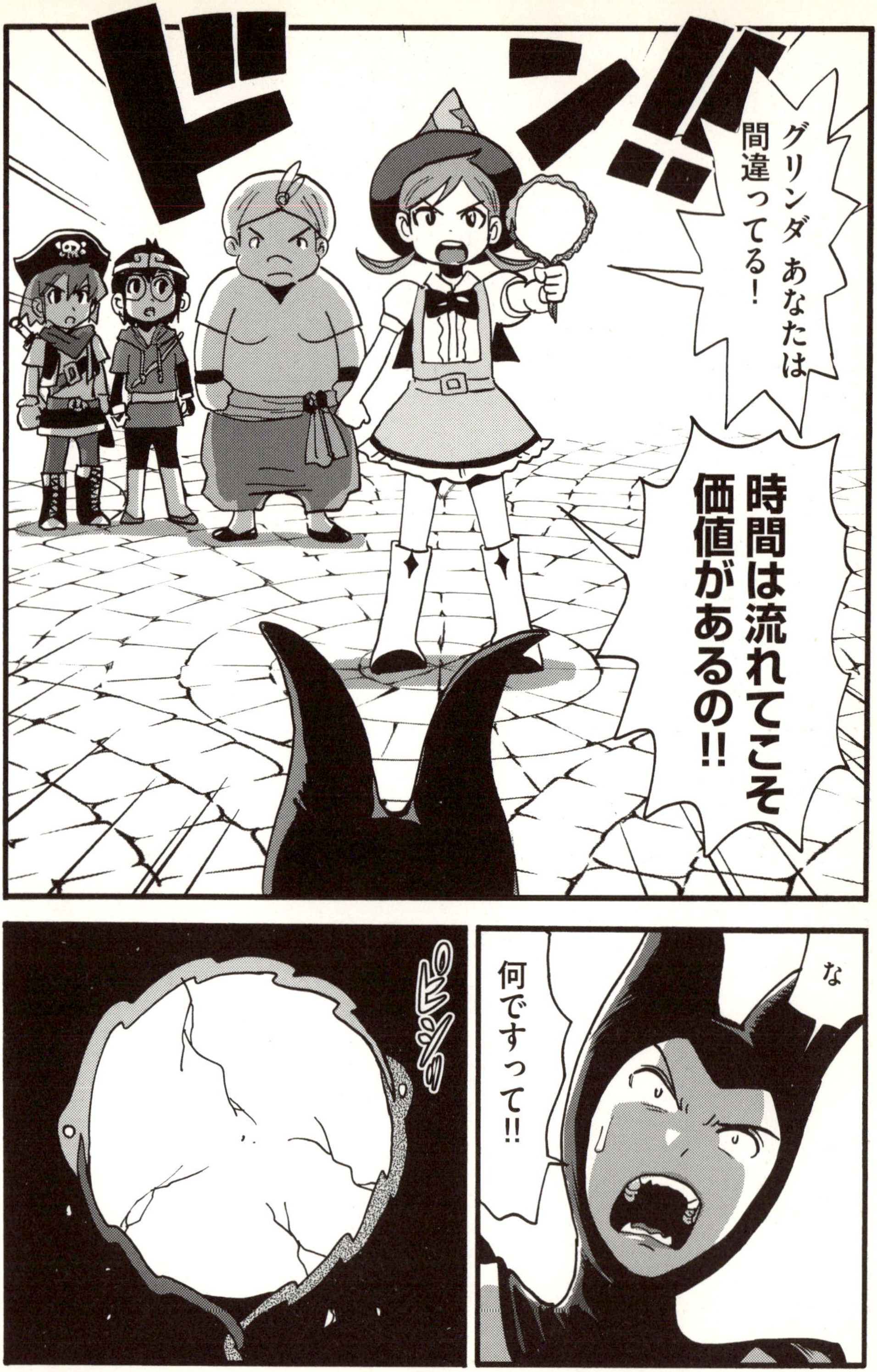
ドン!!
グリンダ あなたは間違ってる！
時間は流れてこそ価値があるの!!
な
何ですって!!
ピシッ

ああ!!
グリンダ様の
鏡にヒビが!
だっ!!
割れたら
時間停止の魔法が
解けてしまうわ
急いで取り返すのよ!!
うぬぬ……
よくも私の
大事な鏡を……
わなわな
わなわな
許せないわ!
この禁断の魔法書
で始末してくれる!

矢!?
バッ
いやぁっ!!
パッ
パッ
パッ
今どうやったんだチナツ?
え!? 何? 急に消えた
えと…こう手を振り降ろしただけよ

分かったぞ！
漢字の「矢」に線を足して「失」にしたから消えたんだ
失
指を筆にしたって事か！
この世界はおそらくチナツが選んだ童話が元になってる！
チナツたのんだぜ！
えええええ〜!!
うぬぬ…こしゃくな芸当を！
身の程を知るがいい!!

パオーーン
象だ
チナツ！
何か書いて別の
意味にしろ！
ドッ
あたふた
あたふた
いきなり
そんな…
ドッ
ドッ
え
えいっ！

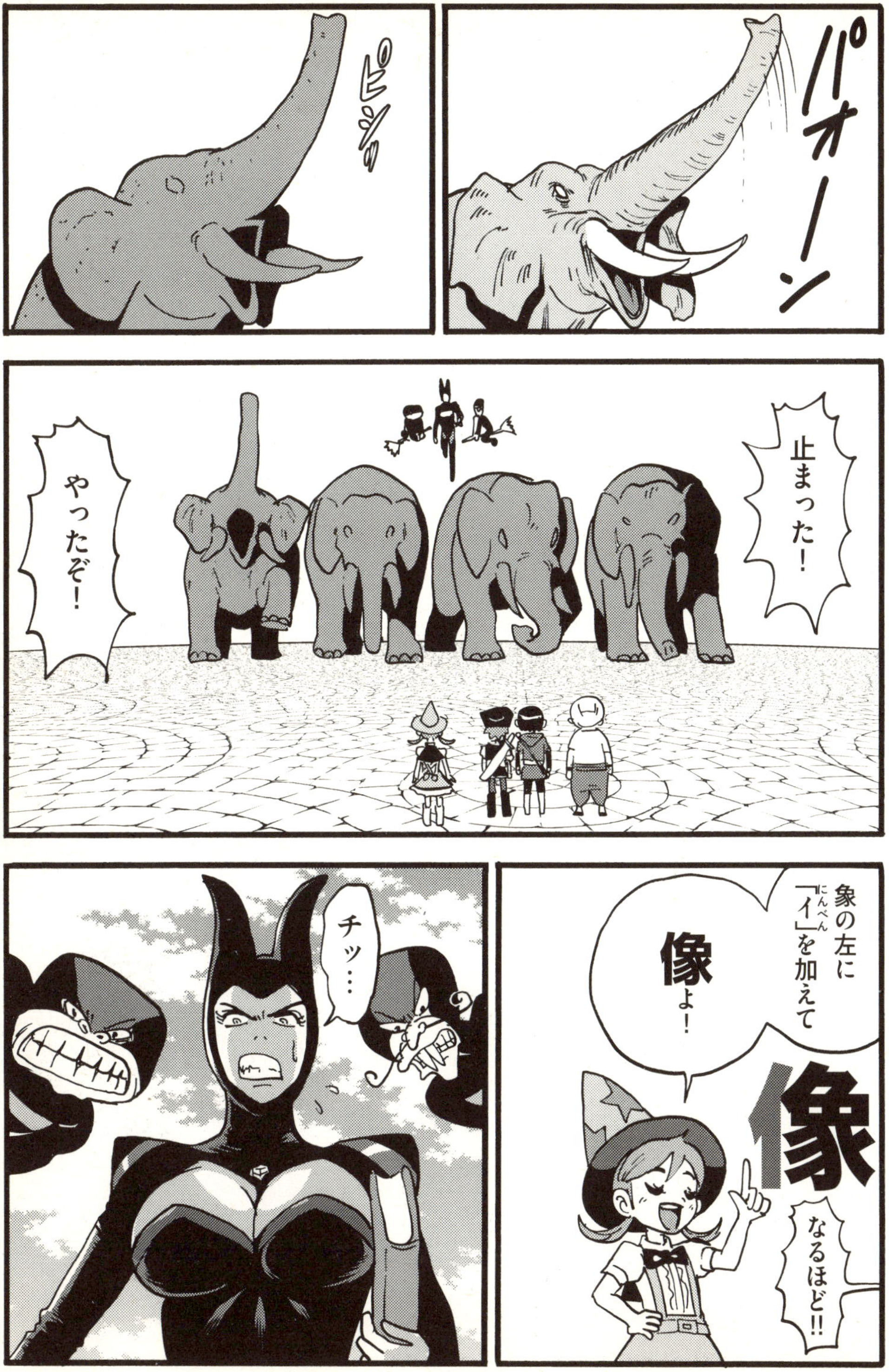
パオーーン
ピシッ
止まった！
やったぞ！
象の左に「イ」《にんべん》を加えて
像よ！
像
なるほど!!
チッ…

ならばこれで処刑してやる!!
切る!!
ひえええぇ

ガハハハハハ
粉々に切り刻まれろ！
チナツ！何とかしてくれ
何とかって言われても～
くるっ
これしか頭に浮かばないけど
お願い成功して！
パパパパパ

おーーーっ
ほっほっほっほーーー
切り割かれる恐怖に
泣き叫ぶがいいわ!!
チョキン
え?
ちょっと何するのいきなり!
チョキ
チョキ
いやー!!
やめて!
チナツ…
何て書いたんだ?
ふふふ
裏よ!
裏?

裏＋切る＝裏切る
なるほど！
残念だけどもう降参よ――!!
ゴメンなさい～～!!
ピシッ
ピシッ
ピシッ
やった!!

ギャッ
ギャッ
ギャッ
バサバサバサ～
ワン!!
今日も魚が大漁じゃ
ピチ
ピチ
ワン
ワン
ワン
ワン
あははっ
わい
わい
わい
わい

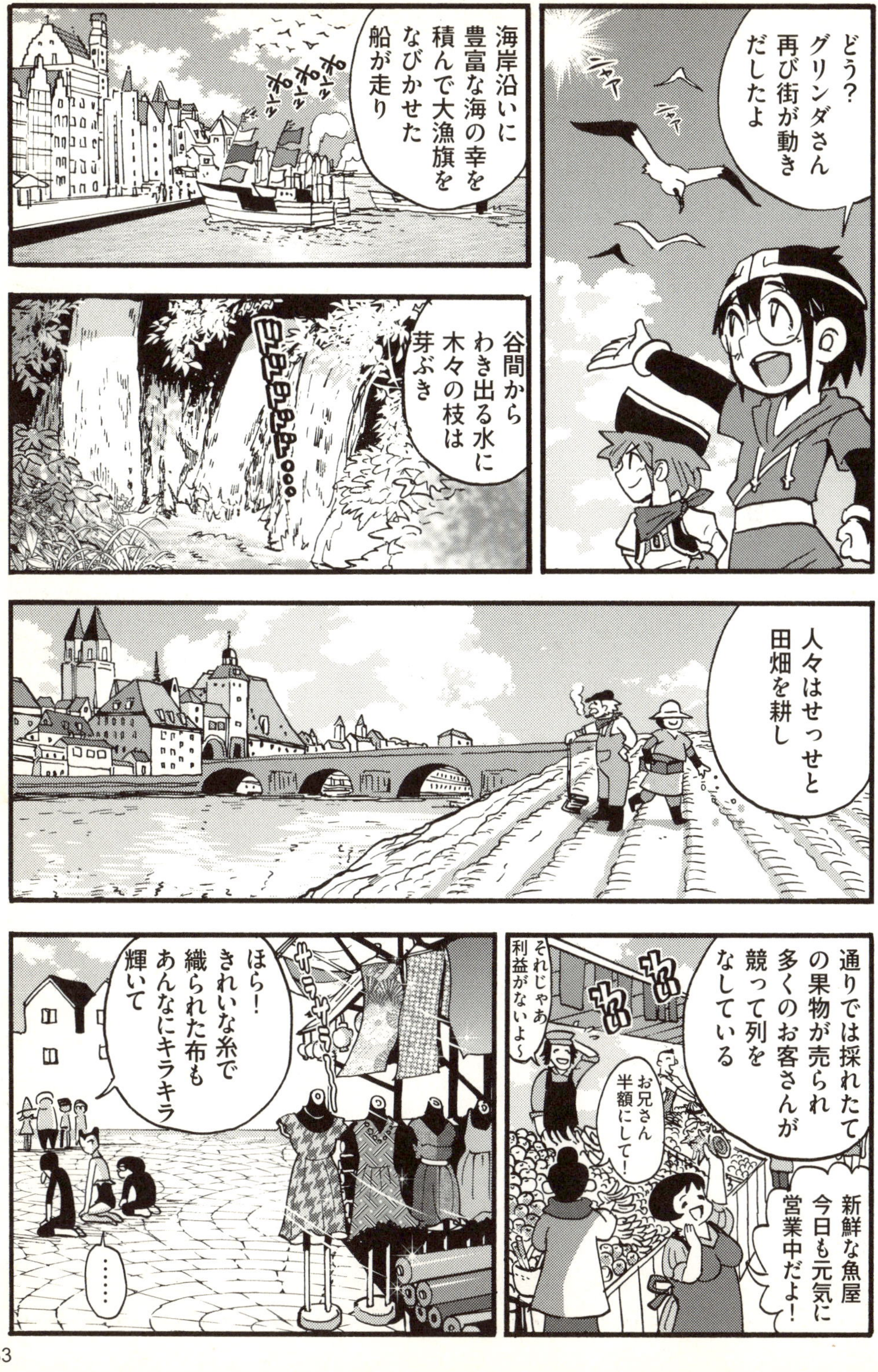

どう？グリンダさん再び街が動きだしたよ
ニャァ
ニャァ
海岸沿いに豊富な海の幸を積んで大漁旗をなびかせた船が走り
ポッポッポッ
谷間からわき出る水に木々の枝は芽ぶき
人々はせっせと田畑を耕し
通りでは採れたての果物が売られ多くのお客さんが競って列をなしている
ワイ
ワイ
それじゃあ利益がないよ～
お兄さん半額にして！
新鮮な魚屋今日も元気に営業中だよ！
ほら！きれいな糸で織られた布もあんなにキラキラ輝いて
……

太陽の光が街並みを照らし
港からは貿易船が汽笛を鳴らして出航し
窓からは見送りの笑顔があふれる
南風が海から潮のかおりを運んでくるわ
日が暮れれば家にはあかりが灯り
夜が明ければ鳥たちが巣から羽ばたいて飛ぶ
……
確かにこういうのも悪くないわね
おかげで二つ目のピースも
無事にゲットできた！
？
よし行こうか！
あ ちょっと待って！

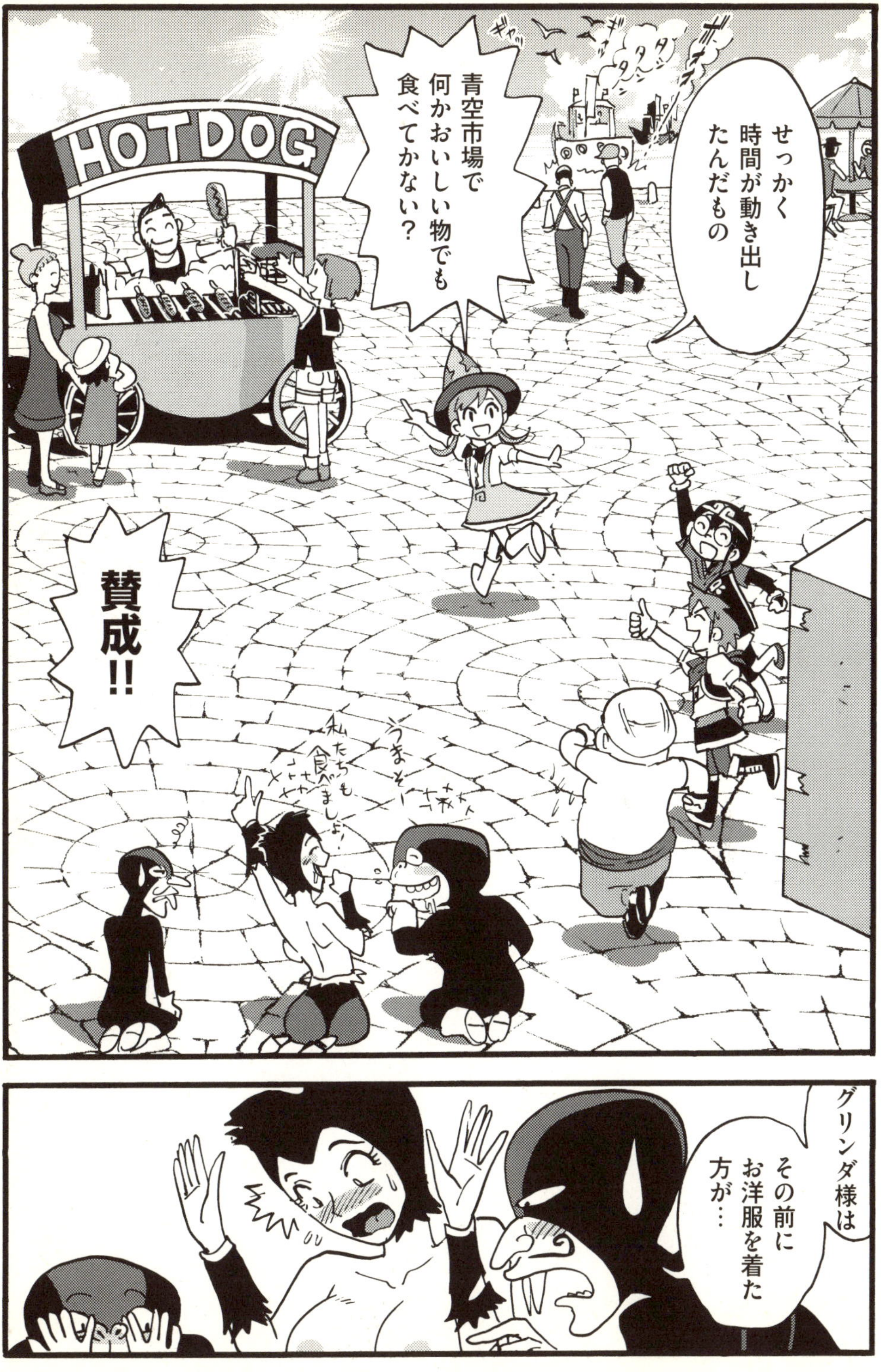
HOTDOG
せっかく時間が動き出したんだもの
青空市場で何かおいしい物でも食べてかない？
賛成!!
うまそー
私たちも食べましょ！
グリンダ様は
その前にお洋服を着た方が…

【第三章】
月の砂漠をはるばると

今度は夜の砂漠かぁ…結構寒いね
って事はダイスケが持ってきた『アリババ』の世界?
!
ゆら〜
おいおいおい何かいるぞ!
ぴょん!!
ぐぐ……
え 何? 宇宙人? お化け!?

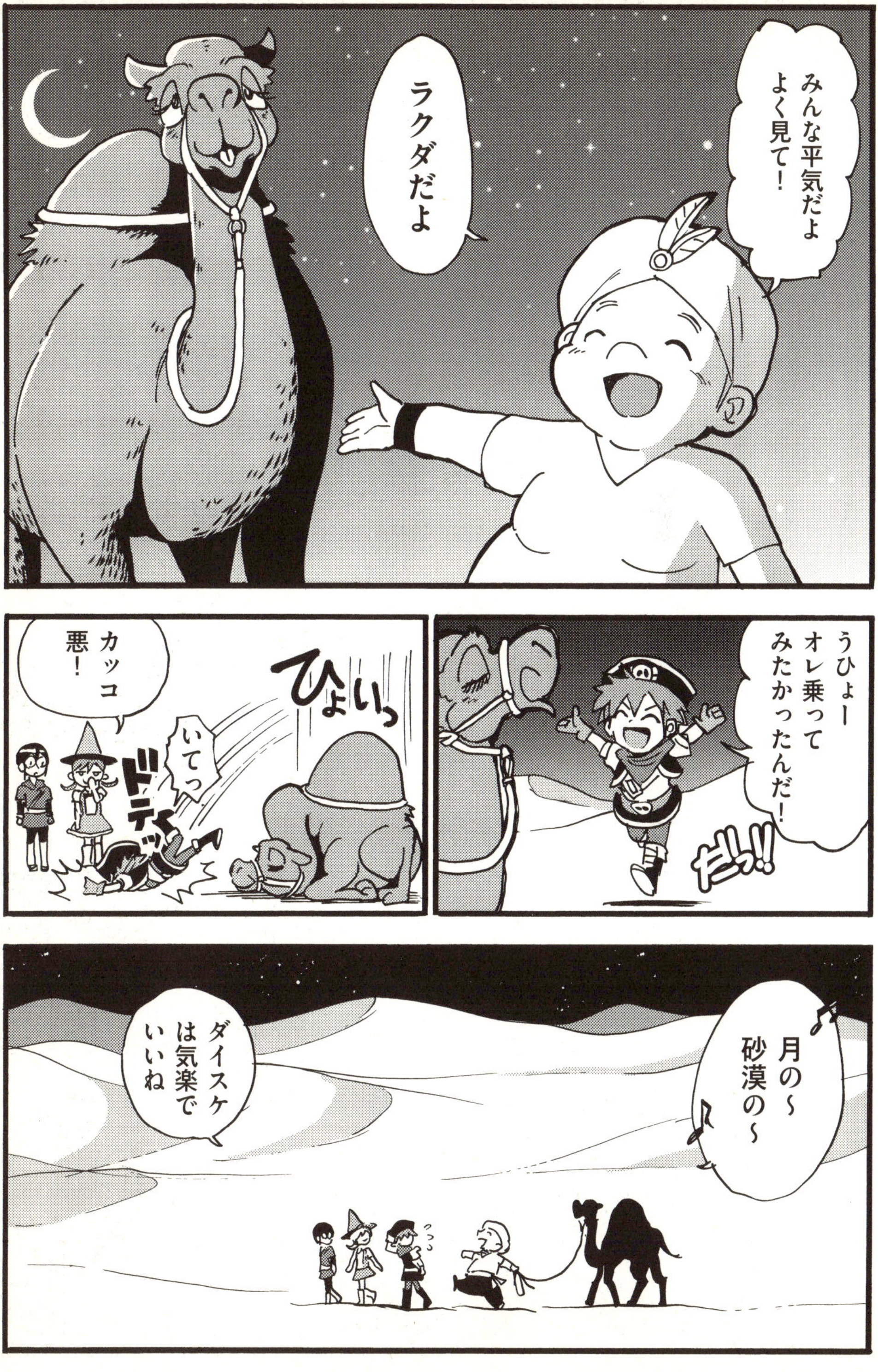
みんな平気だよ
よく見て！
ラクダだよ
うひょー
オレ乗って
みたかったんだ！
だっ!!
ひょいっ
いてっ
ドテッ
カッコ
悪！
月の～
砂漠の～
ダイスケ
は気楽で
いいね

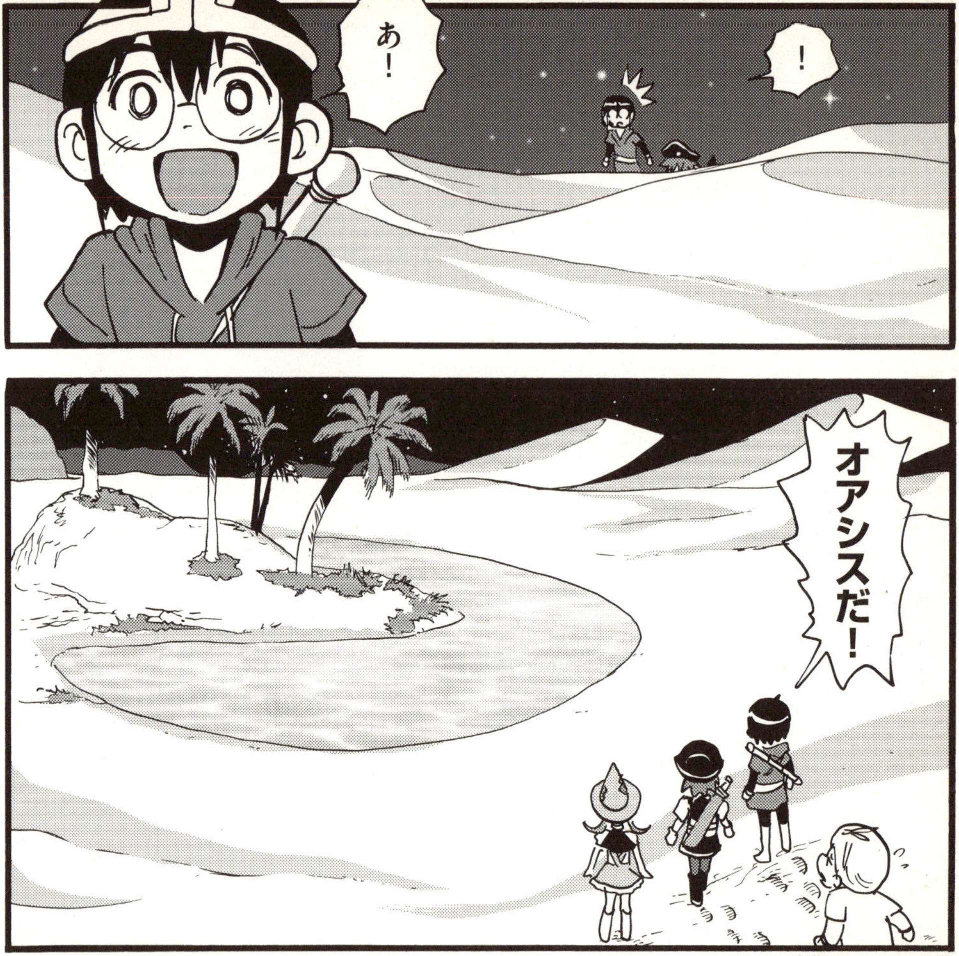
！
あ！
オアシスだ！

オアシス：砂漠にわいている泉

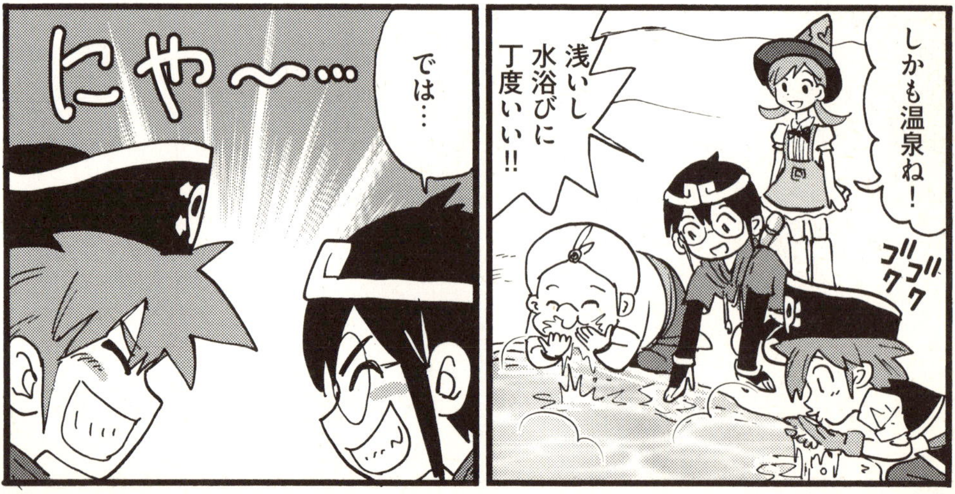
しかも温泉ね！
浅いし水浴びに丁度いい!!
ゴクゴクゴク
では…
にゃ〜…

泳ぐぞ～!!
ぴょーん
バシャバシャ
……
チナツ!
そこにちょうど岩があるから向こうでお前も入ってこいよ
のぞいたりしねーから大丈夫だって
……
絶対だからね!
ふぅ～
なー! 最高だろ?
温かくていい湯加減ね～

月の～
さばくの～♪
ぐへへへへ
なんて朗らかでめんこい子だっぺ
親分だけずるいっスー
決めた！
オラあの若い子を妻にするぞ
体も洗ったしそろそろ上がろっと
ザバッ
そろ～りそろ～り
!?

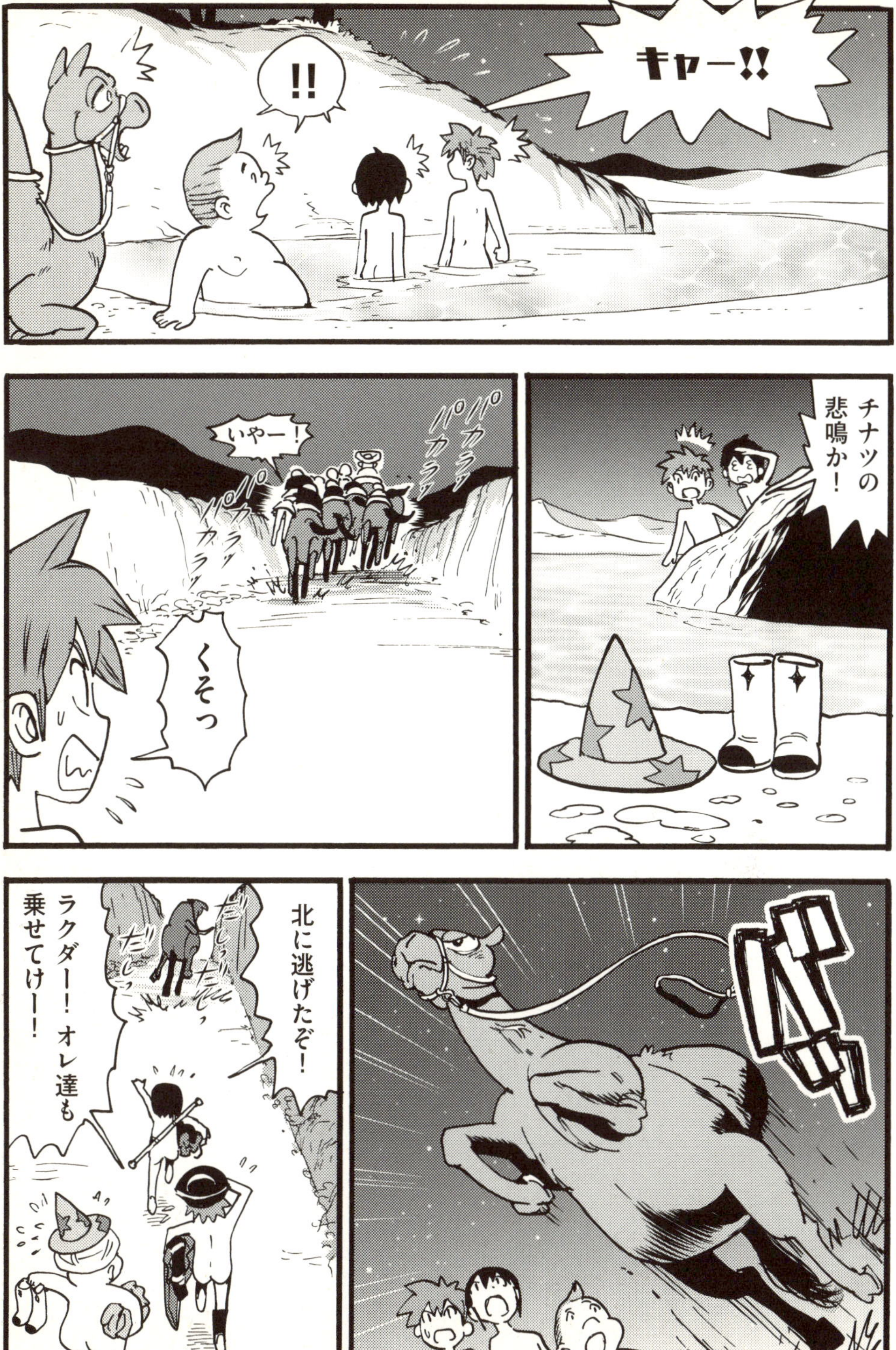
キャー!!
!!
チナツの悲鳴か!
いやー!
パカラッパカラッ
パカラッパカラッ
くそっ
パッ
北に逃げたぞ!
ラクダー! オレ達も乗せてけー!

はっ
はっ
はっ
はっ
はっ
はっ
はっ
追いついた！
どうやらこの中に連れ去られたっぽいな
開け方は何となく予想つくけど…
じゃあ早速試してみるね！

開けゴマ!!
ゴゴゴゴ
開いた!
単純!
ドンチャン
わいわい
わいわい
ドンチャン
中央に座ってる…
真正面から行くか?
いや少し周りを観察しよう
わいわい

ガハハハ
楽しい宴《うたげ》だ! もっと歌え!
なんか スースーするなぁ
ささっ おじょう様 どうぞどうぞ!
ドン!!
お口に合うか どうか分かんねえ けんど
すごーい! おいしそー!
その貴重な食材は 全て困難な絹の道を はるばる陸路で輸送 してきただよ
ガハハハ
なんせアンタは オラの結婚相手 だからな

絹の道:シルクロードとも呼ばれた、アジアとヨーロッパをつなぐ長い道。

結婚!?
だれが? お断りよ!!
う…
ペコペコ
まあ夜は長いし ゆっくり話さすんべ
冗談はともかく この羊料理は絶品ね!
ちょっとー 同じお皿 大盛りで!
あはは
オラ 人生最大の選択を 誤ったかも…
おい… どう する?
あの人数 じゃなぁ
お酒で酔いつぶれるのを待つ?
あっ
また ラクダ 余計な事を

ドン!!
何者だ!?
ざわ
ラクダ?
ざわざわ
いや後ろに人がいるぞ
チ、チナツを返せ!!
ジャキッ
さ、逆らうなら容赦《しゃ》しないぞ!!
ばっ!!

何だと～
ガキのくせに！
おい
ちょっと待て
お前らどうやってここさ入れたんだ？
ふふふ
ハッタリ
オイラ達にはそういう術を見破る力があるのさ！
親分！ひょっとしてこいつらなら…
ああ…
分かったこの娘っ子は返す
ドーン!!
その代わりオラ達の願いを聞いてくれろ

我々は財宝を探すトレジャーハンター！
キリッ
ただの盗賊でしょ
モグモグ
実はこのほら穴の奥に伝説の秘宝があるらしいダイヤの鉱脈を記した地図かはたまた王族が貯めこんだものすごい額の金か――
いずれにせよあるしかけのせいで有能なワシらでさえお宝にたどり着けずにいる
どこが有能よ
ずるずる
どうか君達にこの謎《なぞ》を解いてほしい！
ナゾ？
まあこちらへ
ドン!!
！

すげえ！
オオオオオオ…
真っ暗で底が見えないぞ
縦横斜め意味を成す塊を作りながら進め
GOAL
START
なになに…「縦横斜《なな》め 意味をなす塊《かたまり》を作りながら進め」
つまりこれは四字熟語の問題だね
なぜ日本語で書かれてるのかは謎だけど…
それなら簡単だ！

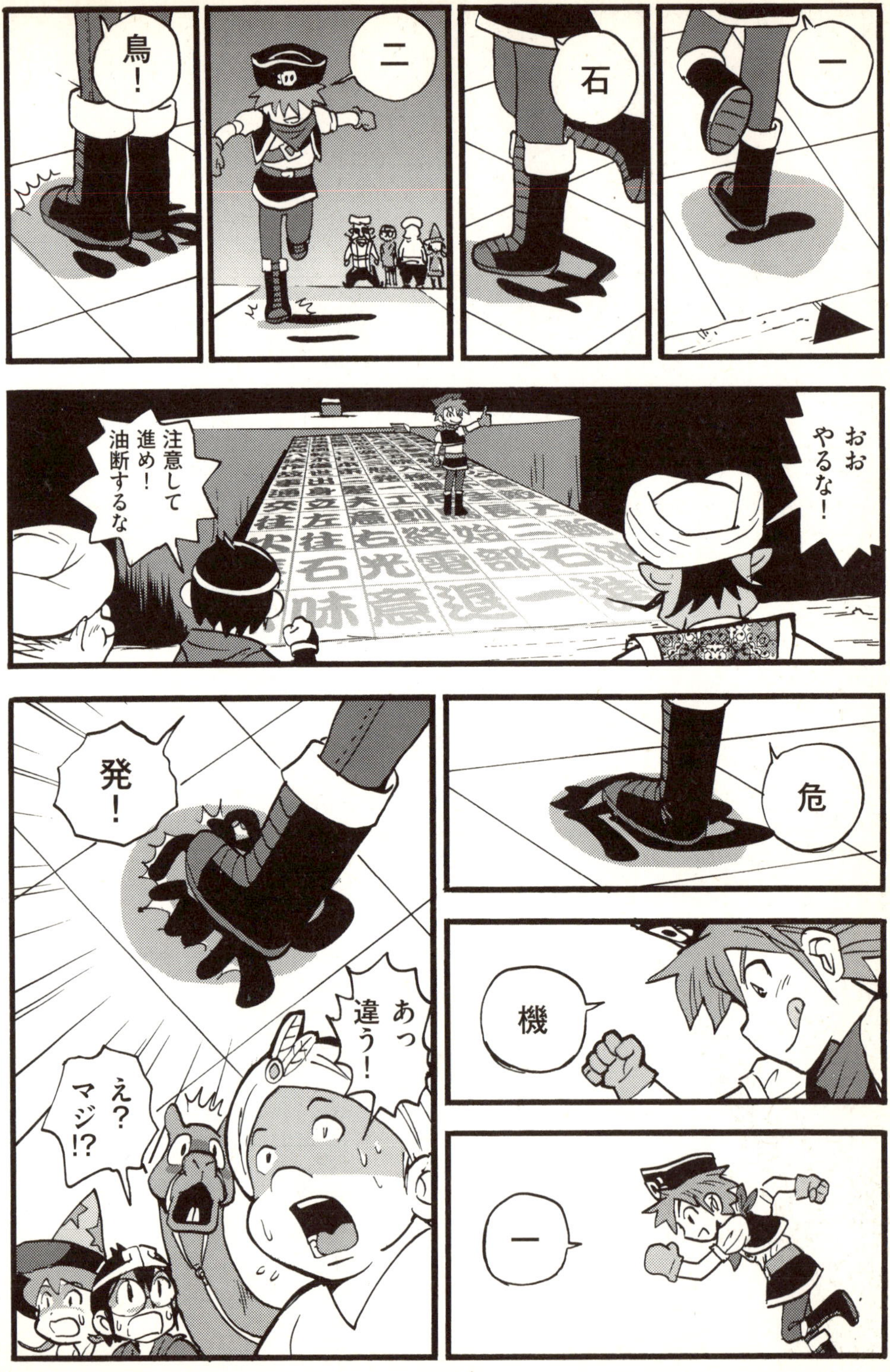
一
石
二
鳥!
おお やるな!
注意して進め! 油断するな
危
機
一
発!
あっ違う!
え? マジ!?

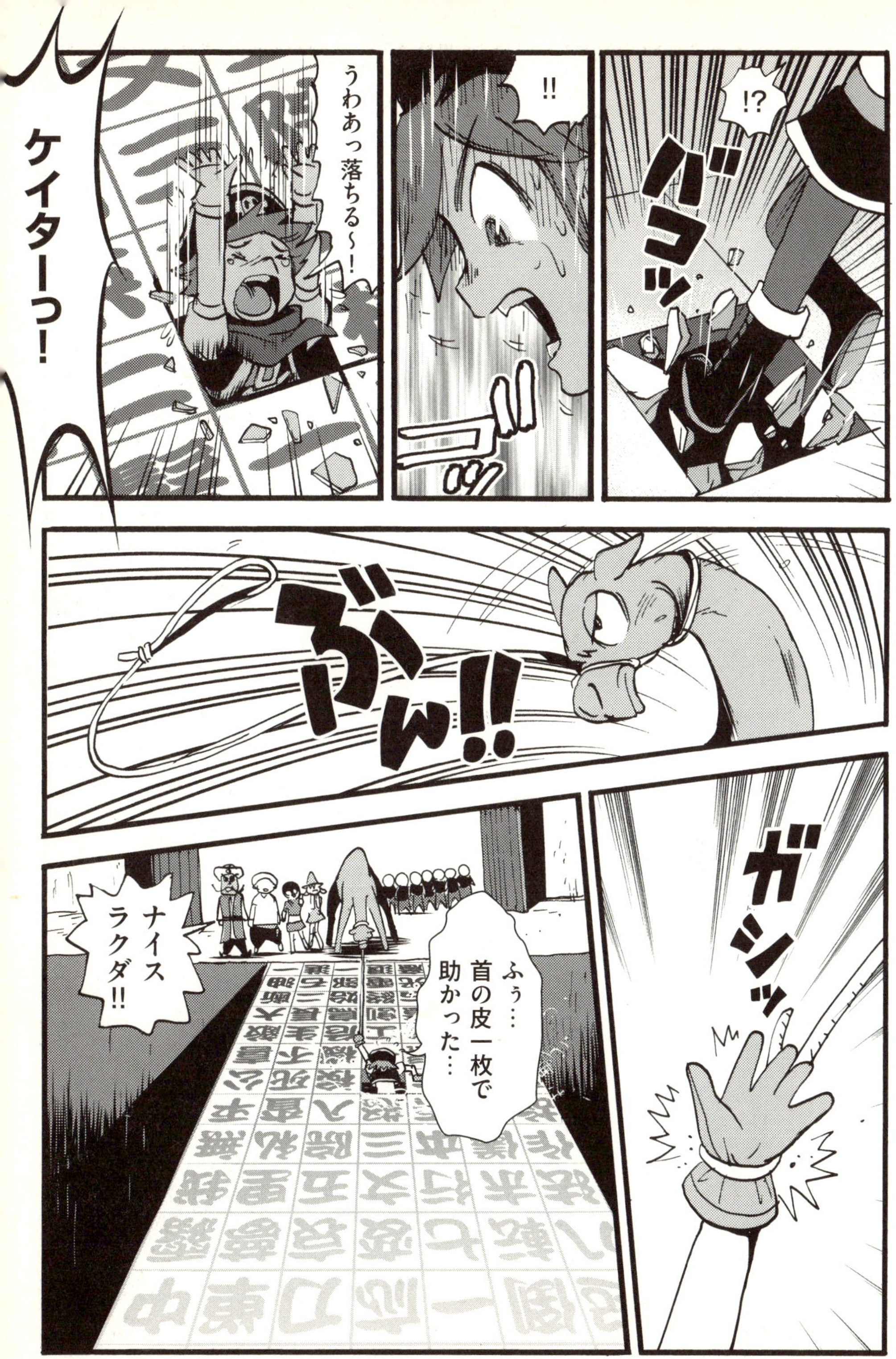
!?
バコッ
!!
ゴッ
うわあっ落ちる～!
ケイターーっ!
ぶぉん!!
ガシッ
ふぅ…首の皮一枚で助かった…
ナイスラクダ!!

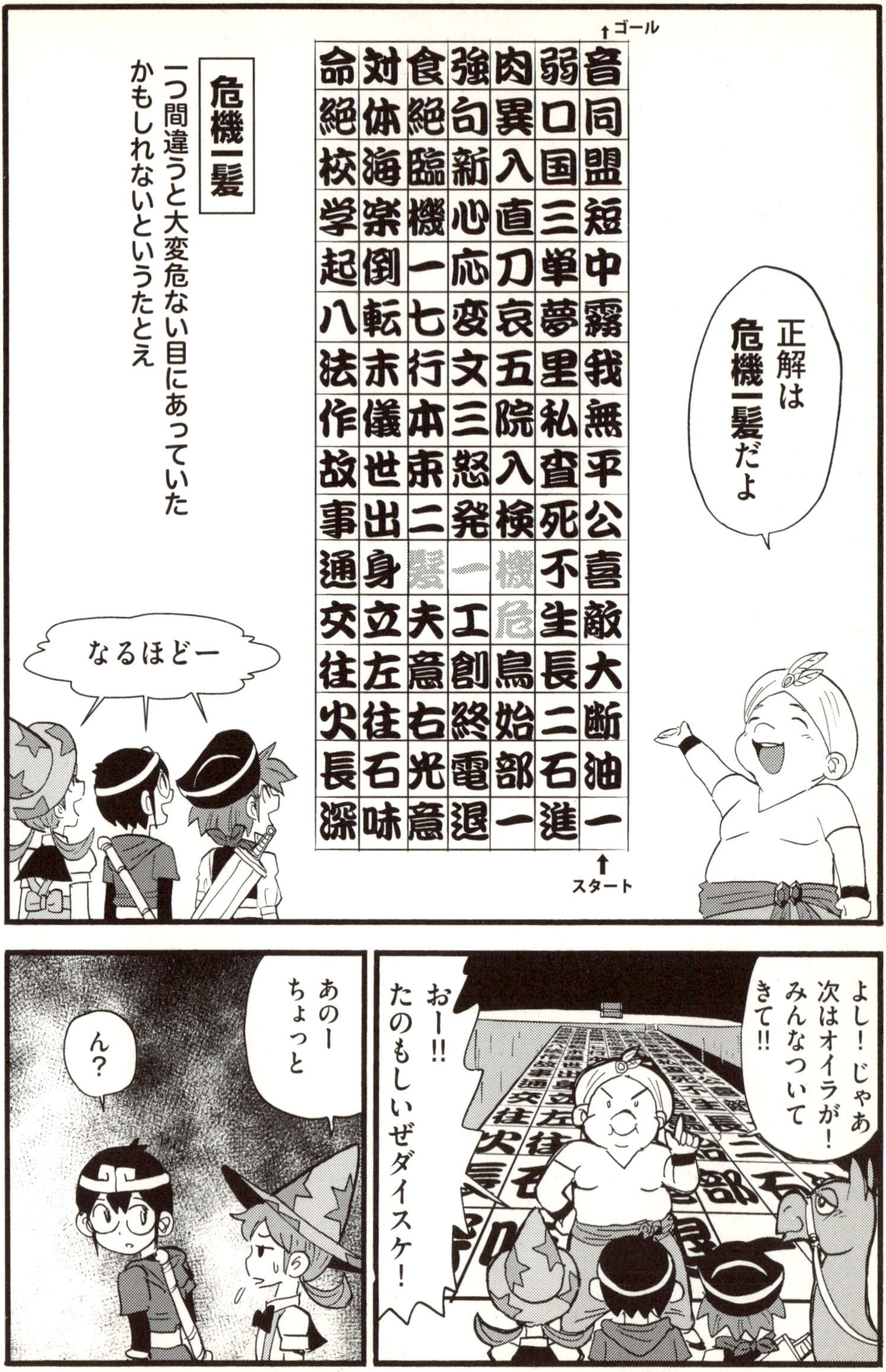

ゴール
命対食強肉弱音
絶体絶句異口同
校海臨新入国盟
学楽機心直三短
起倒一応刀単中
八転七変哀夢霧
法赤行文五里我
作儀本三院私無
故世束怒入査平
事出二発検死公
通身髪一機不喜
交立夫工危生敵
往左意創鳥長大
火往右終始二断
長石光電部石油
深味意退一進一
スタート
正解は危機一髪だよ
危機一髪
一つ間違うと大変危ない目にあっていたかもしれないというたとえ
なるほどー
よし！じゃあ次はオイラが！みんなついてきて!!
おー!! たのもしいぜダイスケ！
あのーちょっと
ん？

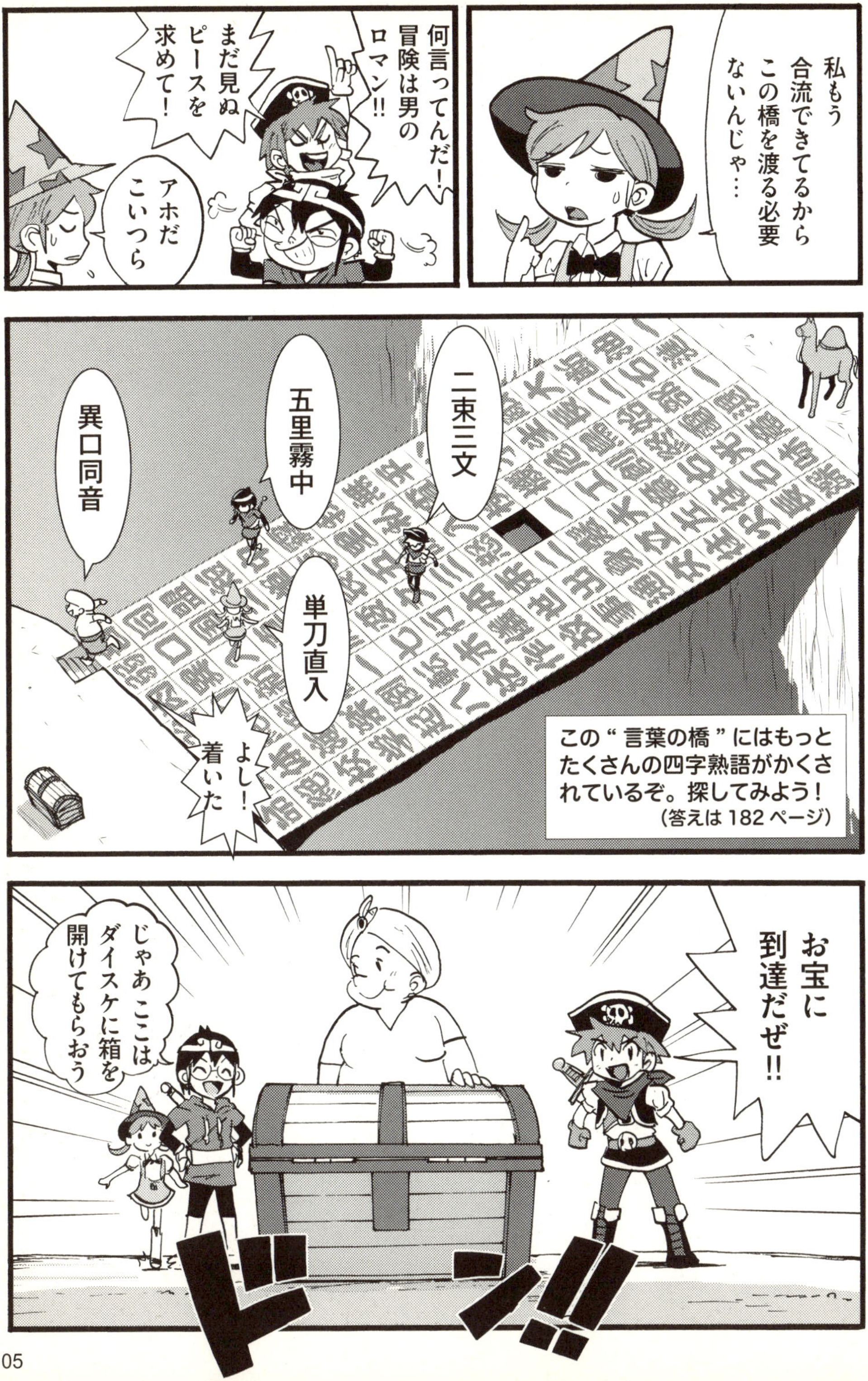
私もう合流できてるからこの橋を渡る必要ないんじゃ…
何言ってんだ！冒険は男のロマン!!
まだ見ぬピースを求めて！
アホだこいつら
二束三文
五里霧中
異口同音
単刀直入
よし！着いた
この“言葉の橋”にはもっとたくさんの四字熟語がかくされているぞ。探してみよう！
（答えは182ページ）
お宝に到達だぜ!!
じゃあここはダイスケに箱を開けてもらおう
ドン!!

わくわく
ん?
何だこれ
古びたランプがあるだけだ
あ!!
それにさわっちゃイカン!!
それは魔人のランプだ!
えっ?
パカッ
うわああっ!

出たー!!
ドン!!
ひえぇ~神様仏様ー!
ドドドドド
心を操られて殺されちまうぞ~~!!

ずいっ!!
ぼくがコロス?
だれを?
ぼくはコロサナイよ
むしろ解放してくれて感謝してるのサ
だからお礼に…
君達の夢をかなえてあげよう
ホントに?
ホントだとも

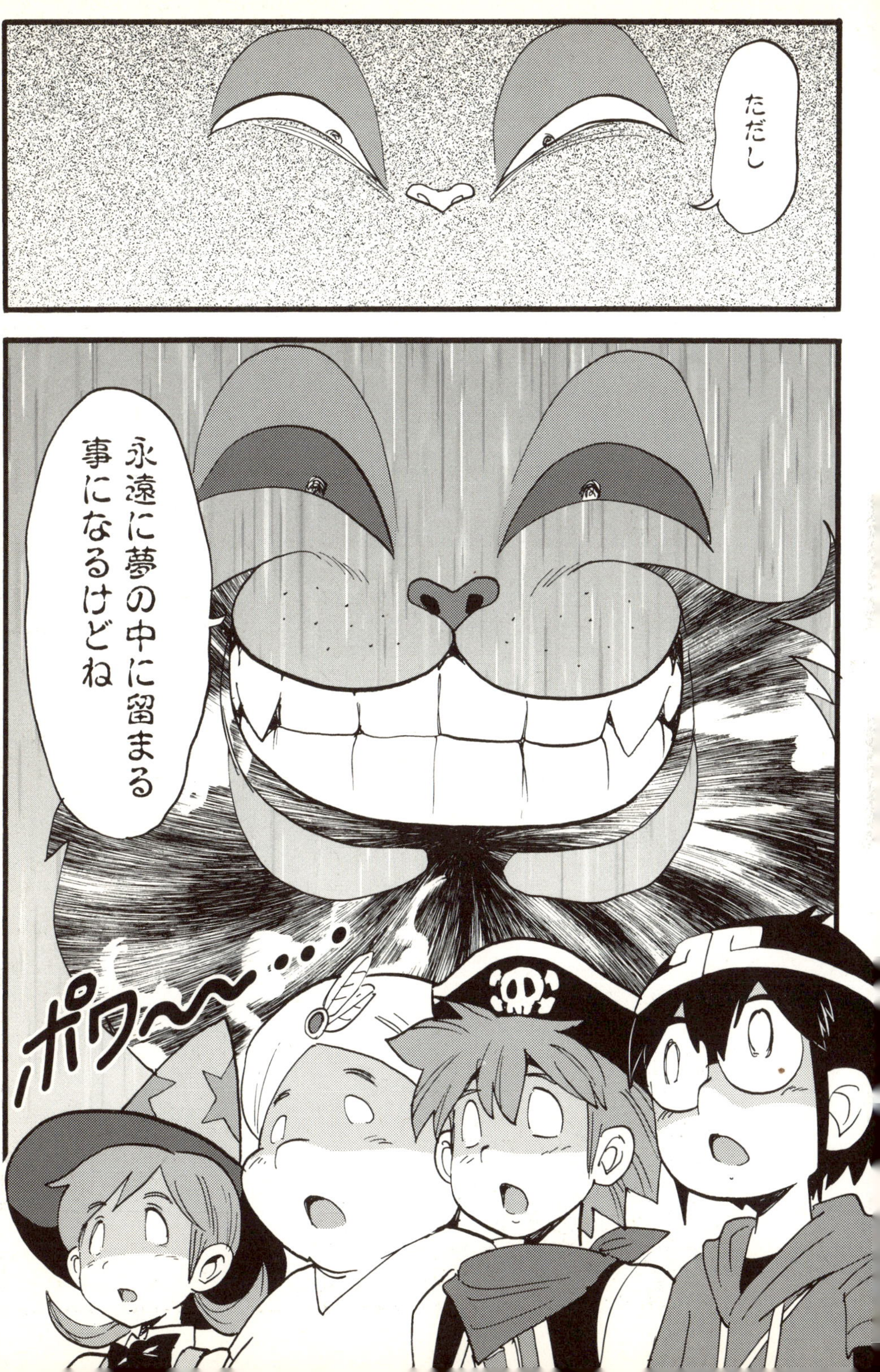
ただし
永遠に夢の中に留まる事になるけどね
ポワ〜〜〜…

民衆の憧《あこが》れ清純派アイドル
キャー!!
チナツよ!
サインしてー
かわい～
作詞作曲演奏もこなす天才シンガーよ!
ほうほう
決勝ゴールのケイタ選手です!!
日本初の快挙!
優勝だ!
尊敬のまなざしとスターの座
欲望に迷いがなくてよろしい
大好物が限りなく流れてくる回転ずし
ゴウン
ゴウン
ゴウン

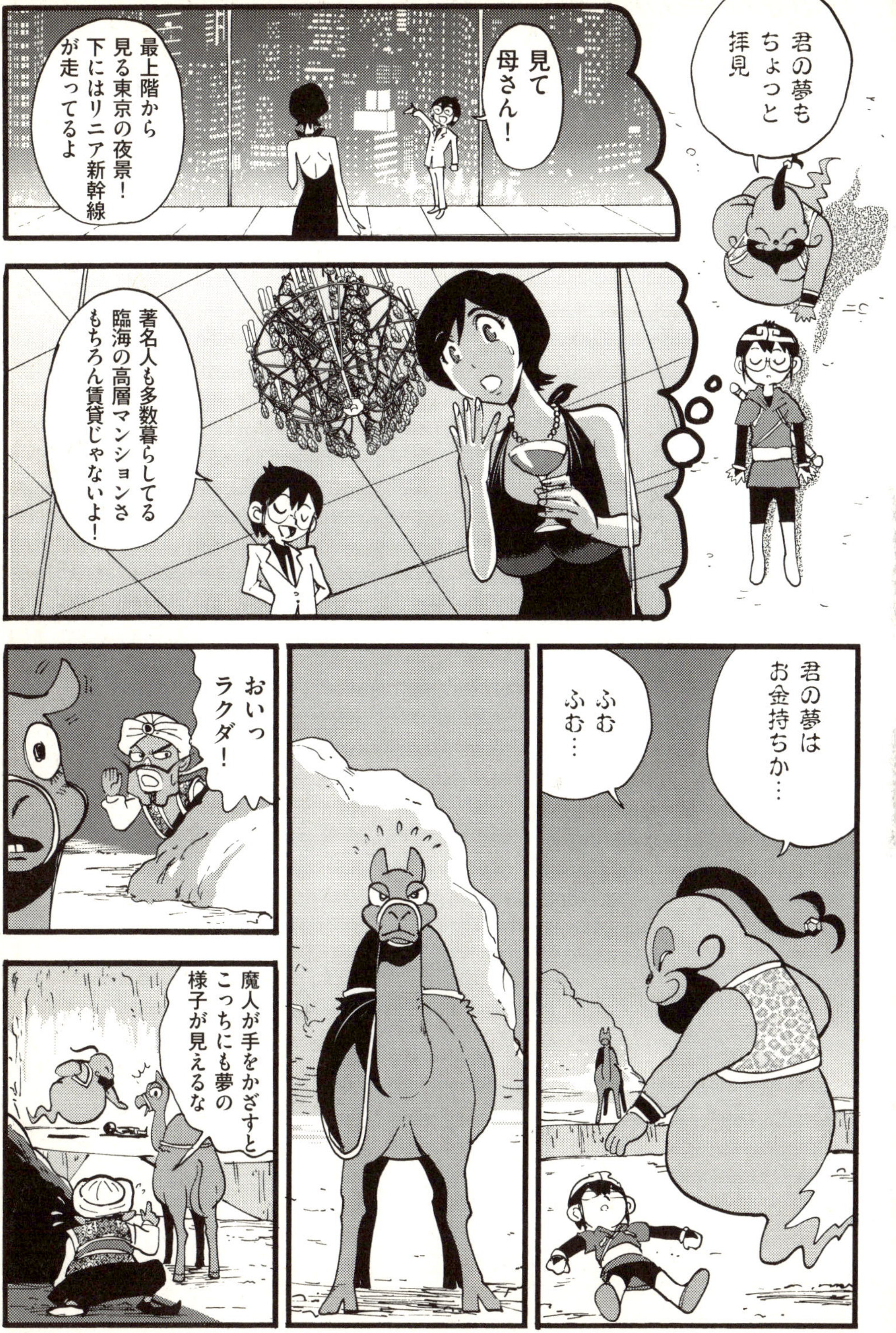
君の夢もちょっと拝見
見て母さん！
最上階から見る東京の夜景！下にはリニア新幹線が走ってるよ
著名人も多数暮らしてる臨海の高層マンションさもちろん賃貸じゃないよ！
君の夢はお金持ちか…
ふむふむ…
おいっラクダ！
魔人が手をかざすとこっちにも夢の様子が見えるな

あの夢の中に何か放りこんで術の効果を消し去る事はできねーべか？
コンッ
ぴゅーーーん!!
パリーン!!
あれ？母さんどうしたの？
新しいグラスに換えようか？
…いいえ
ねぇユウト…

あなたの夢はこんな事なの？
え？
きれいな服を着て高い所に住んで
後ろに積まれた大量の札束は何をして得たものなの？
だってこれはぼくの夢だからね
変な事言わないでよ！
通帳に一兆円預金してる高額納税者さ！
金銭しか眼に入らないユウト…
母さん悲しい……さよなら
えっ!?
ちょっと待って
母さん！
ごめんなさい
母さんー!!
パチ
！

みんな!!
起きろ!
うぅーん…
こんな夢に
操られちゃ
ダメだ!!
バ…
バカな!? オレの夢
から覚めるなんて!
夢は自らの力で実現してこそ価値がある!
ギャアアア
苦しいいい
やめろ～!!
ダイスケ!! 今よ!
早くランプを
こすって!!

ええ!?
ラクダがしゃべったあああ?
わ
分かった!!
うわあああ!
やめてくれ～～!!

ぎゅるるる〜〜
しゅぽんっ
出た！
魔人の切れ端《はし》から三つ目のピース！
ピカーーーッ
カチャ
!?

あ
あなたは…！
ざわ…
行方《ゆくえ》不明だった
都の王女様!?
ははーーっ
どうりでしゃべれた訳だ
ははは…

魔人の誘惑《ゆうわく》に打ち勝って
この国を救ってくれた
勇気ある少年たちよ…
心より
礼を言います
本当にありがとう
デレ
いやぁ～
デレ
デレ
いつまで
デレデレ
してんのよ
次行くわよ!!
それにしても
スースーする
わね…
何か忘れてる
気もするんだけど…
?
ゴオオオッ
ひら
ひら

【第四章】

嵐《あらし》の海で

ゴオオオッ
今度はどこだ？
グラグラ
船みたいだね
ゴロゴロ
ゆれがすごくて船酔いしそう

って事はいよいよ
オレが主演する
宝島だな！
よーし
大暴れするぞ
この箱
何だろう？
開けてみよう
うわぁ
財宝だ!!
金・銀・銅貨
が
ザックザク!!
どうせ
ニセ物だろ？
いきなり
そんなうま
い話が…
ねぇ
見て！
この
ガラス箱の
中身
探してる
ピースじゃ
ない？
ほんとだ！

ふたに何か書いてある
何々…
この板に記述された文章にある四つの間違いを改めよ。
銅の採掘と精制に関しては法律で厳密に規定されているという記事が、昨年発売された経済専問の週間誌に収録されている。
「この板に記述された文章にある四つの間違いを改めよ」
この板に記述された文章にある
四つの間違いを改めよ。
銅の採掘と精制に関しては
法律で厳密に
規定されているという記事が、
昨年発売された
経済専問の週間誌に収録されている。

精製：品質のよいものにする事

週刊：一週間に一度発行する事

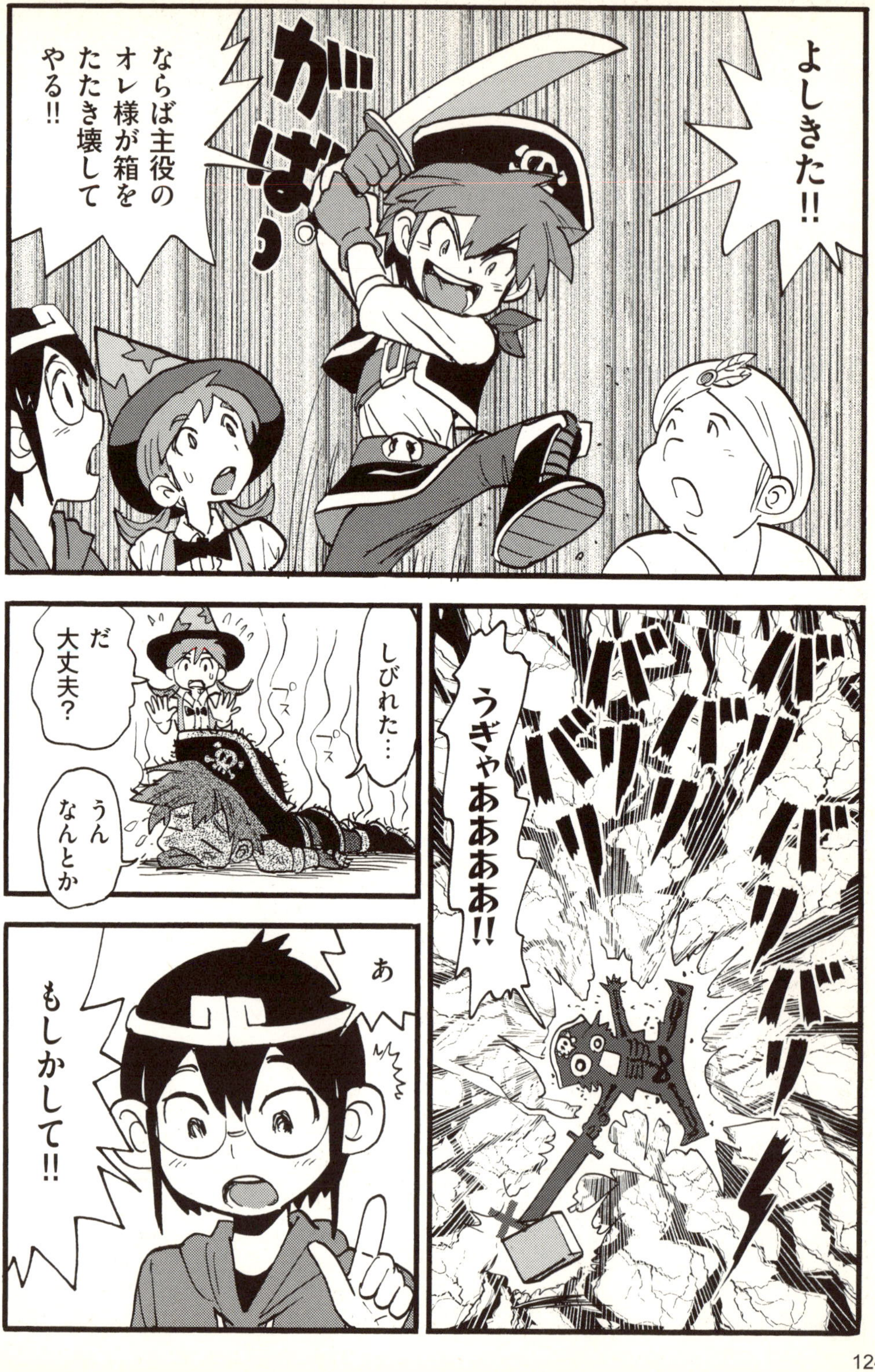
よしきた!!
がばっ
ならば主役のオレ様が箱をたたき壊してやる!!
バリバリバリ
うぎゃあああああ!!
しびれた…
プス
プス
だ大丈夫?
うんなんとか
あ
もしかして!!

これだけみんなが考えても答えが分からないって事は…
最後の間違いはこれだ！
ピッ
銅の板
法律
やった！正解だ！
おお
バコッ
よしピースゲット！
すごい！でもどういう事？
間違いは元々三つしかないだから「四」が四つ目！
なるほど！

え？ほんとにこれでステージクリア？
ロッカーも現れたしいいんじゃないかな？
ねえユウトちょっと！
その手がらケイタに渡さないとまたいじけるよ
あっそうか！
なあケイタ！
このピースお前が持ってろよ！
ん？
オレにそんな資格はねーよ
クリアしたのはユウトなんだからそのピースはお前が持つべきだろ！
へ？
あ あれ？
！
これは推測でしかないけど…
この宝島ステージが短く済んだのはケイタの心の成長が理由かもしれない
え？どういう事？

昔のケイタなら自分が中心じゃなきゃ我慢できなかったはず
相手を立てるとかが一番苦手で
確かに…
だけどここまでの冒険ですでにその短所が解決できていたから
ここをすんなり攻略できたんじゃないかな
個人の成長がステージクリアの条件……
ピースが四個って事は次の場所がゴールかな
何ごちゃごちゃ言ってんだ!
さっさと行こうぜ次のステージへ!!
うんそうだね!
ゴオオオッ
答えは全て次の場所に有るはずだ!

【第五章】

百科事典のナゾ

ここはどこだろう?
ヒュルルルル…

土星が近い
銀河系にある別の星に来ちゃったのかな
あれっ何か変だよ!?

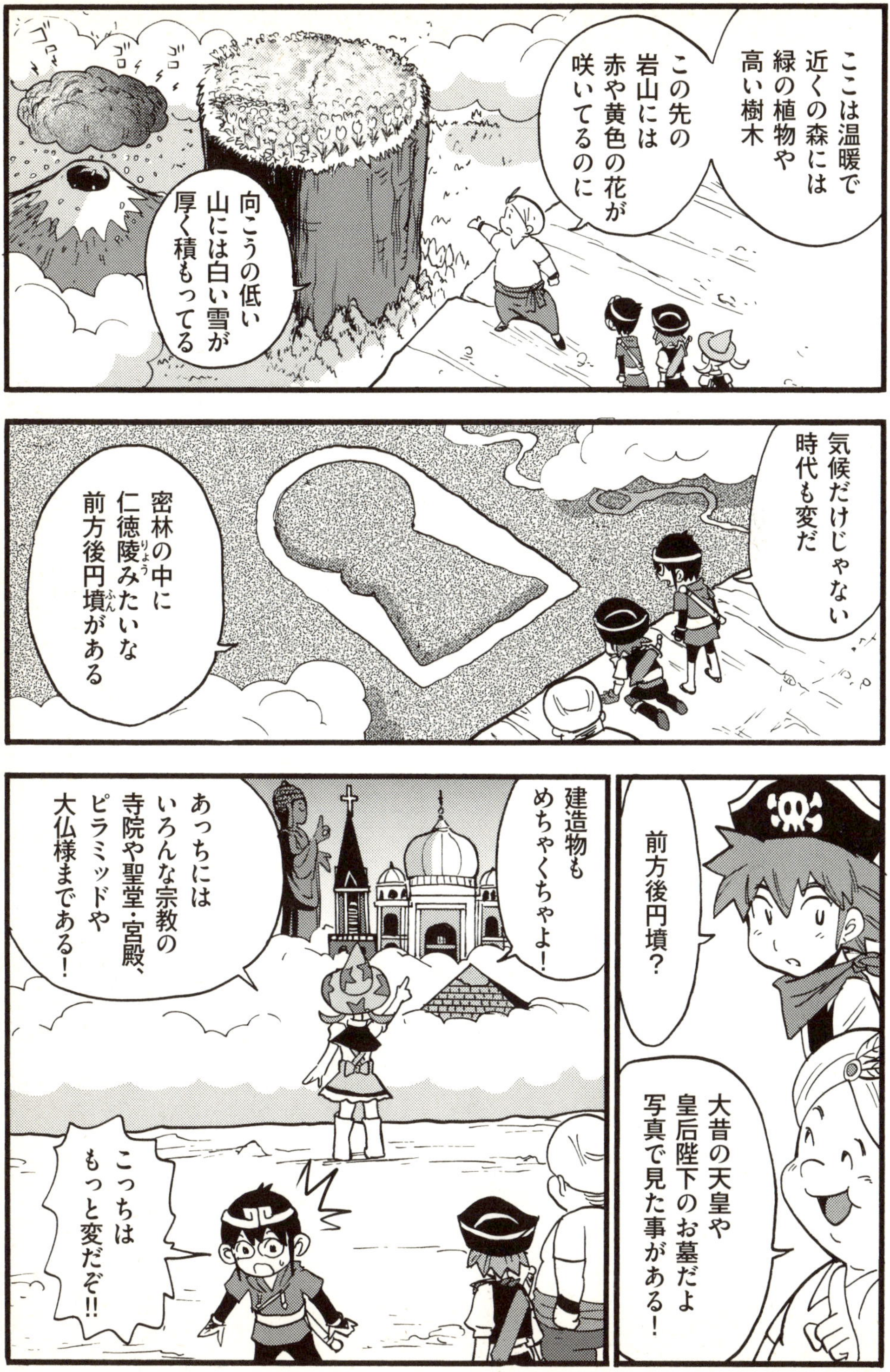
ここは温暖で近くの森には緑の植物や高い樹木
この先の岩山には赤や黄色の花が咲いてるのに
向こうの低い山には白い雪が厚く積もってる
気候だけじゃない時代も変だ
密林の中に仁徳陵《りょう》みたいな前方後円墳《ふん》がある
前方後円墳？
大昔の天皇や皇后陛下のお墓だよ写真で見た事がある！
建造物もめちゃくちゃよ！
あっちにはいろんな宗教の寺院や聖堂・宮殿、ピラミッドや大仏様まである！
こっちはもっと変だぞ!!

仁徳：日本の第16代天皇

官庁みたいな高層ビルに…
あっちには昭和っぽい住居が並び
モォ～
ブヒブヒッ
メェエエ
ビルの屋上には牛が放牧されてて…
なんかもうめちゃくちゃだ！
よく見ると小川の中にも何かいる
よっ
ぴょん
カンブリア紀の生物アノマロカリスだ！
ええ!?

カンブリア紀：君達が生まれる約５億年前の時代だ！

春夏秋冬の
季節もおかしい……
一体ここは
どこなんだ？
ドシーン
ぐるる……
!?

うわあああ!!
恐竜だーー！
よし！
ついにオレの
出番だ！
かかってこい
恐竜!!
ええ!?

劇的な場面でこのかっこいいセリフ……
録画してたら確実に編集なしの永久保存版だ！
何やってんだケイタ!!
早く逃げないと踏みつぶされちゃう！
ひえ!!
え？

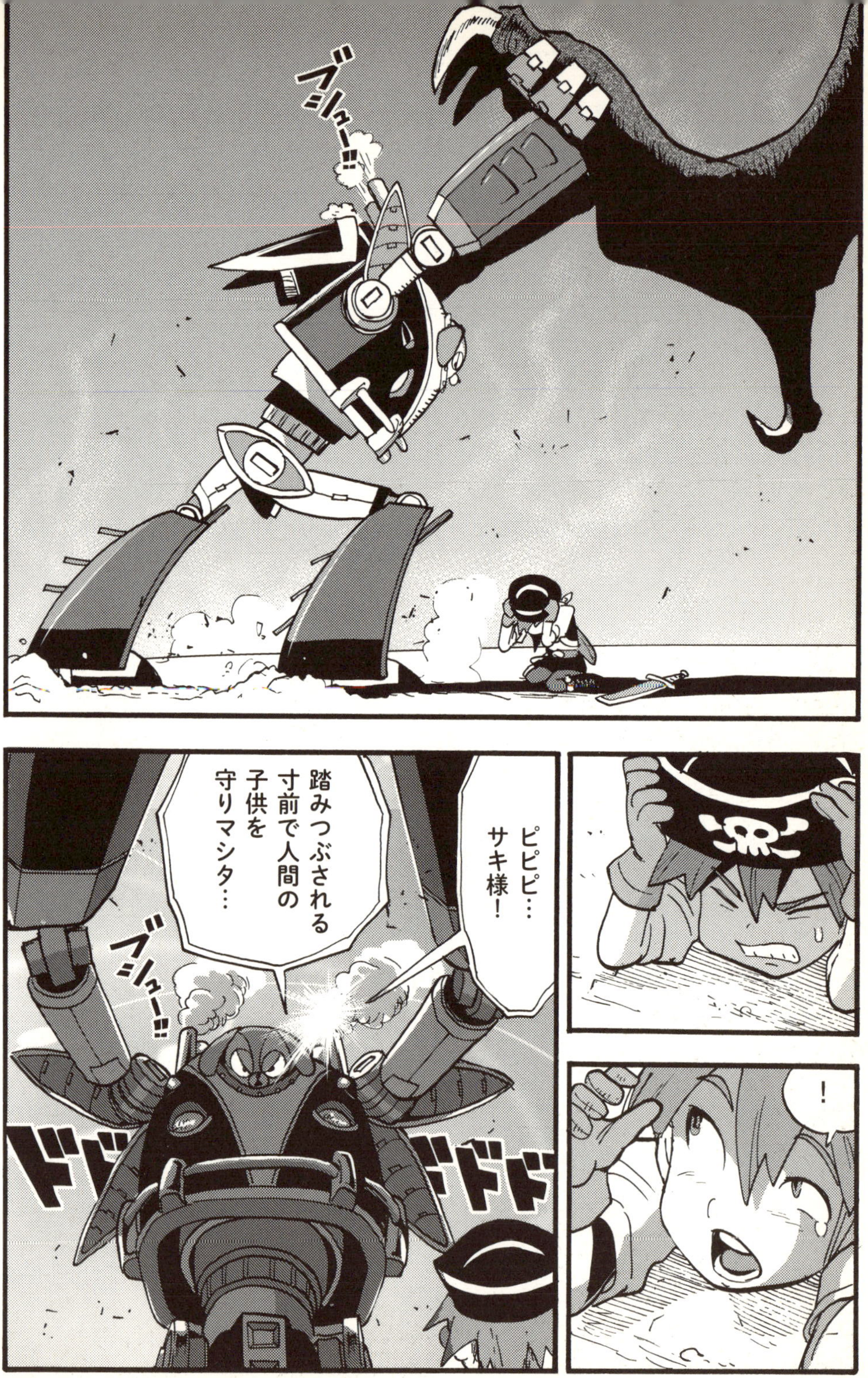
ブシュー!!
ピピピ…
サキ様!
踏みつぶされる
寸前で人間の
子供を
守りマシタ…
ブシュー!!
!
ドドドドド

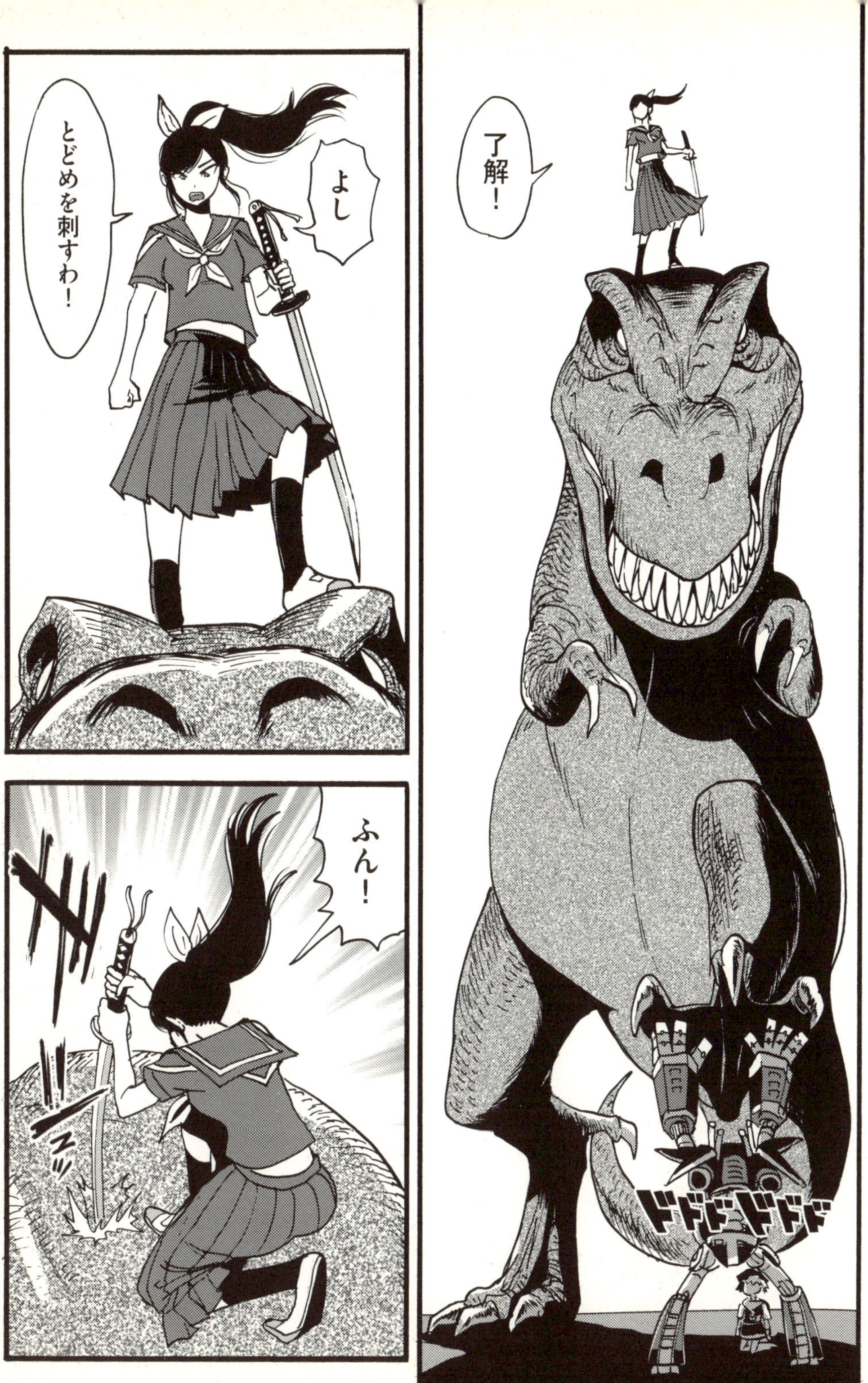
了解!
ドドドドドド
よし
とどめを刺すわ!
ふん!
ズッ

ズゥゥン…
すげー!!倒しちゃった
他にも人がいたのね
ここは危険よ私についてきて

うひゃあ長い階段だなぁ
テーブルマウンテンをいったん徒歩で下まで降りるわ
ガヒョン
ガヒョン
自己紹介がおくれてゴメン！オレはケイタ！
私はサキよ
ぼくはユウト
私はチナツ
オイラはダイスケ
あなたかわいいわねお名前は？
ガヒョン
ガヒョン

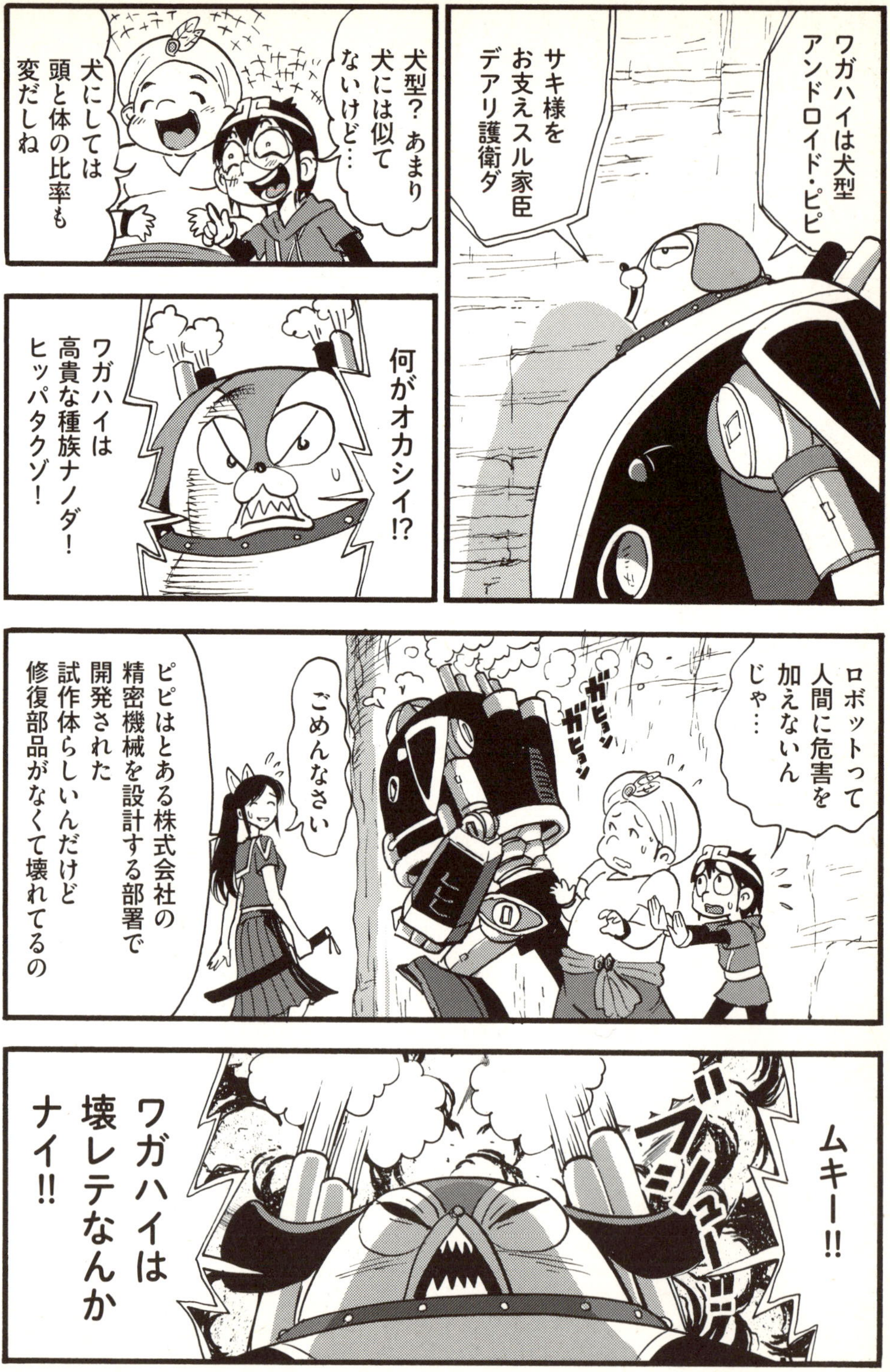
ワガハイは犬型
アンドロイド・ピピ
サキ様を
お支えスル家臣
デアリ護衛ダ
犬型？ あまり
犬には似て
ないけど…
犬にしては
頭と体の比率も
変だしね
何がオカシイ!?
ワガハイは
高貴な種族ナノダ！
ヒッパタクゾ！
ロボットって
人間に危害を
加えないん
じゃ…
ガヒョン
ガヒョン
ごめんなさい
ピピはとある株式会社の
精密機械を設計する部署で
開発された
試作体らしいんだけど
修復部品がなくて壊れてるの
ムキー!!
ワガハイは
壊レテなんか
ナイ!!

ワガハイはピピ革命的なスーパーロボット
ガヒョン
ガヒョン
拡張機能評判上々
生まれは工場そこを卒業
米ハ一俵政治モ一票
カレーにラッキョウ夫婦で増量
ガヒョン
ガヒョン
ね
急にラップ調になったぞ
見えてきたわ
あの坂の上にあるのが私が守っているお城よ

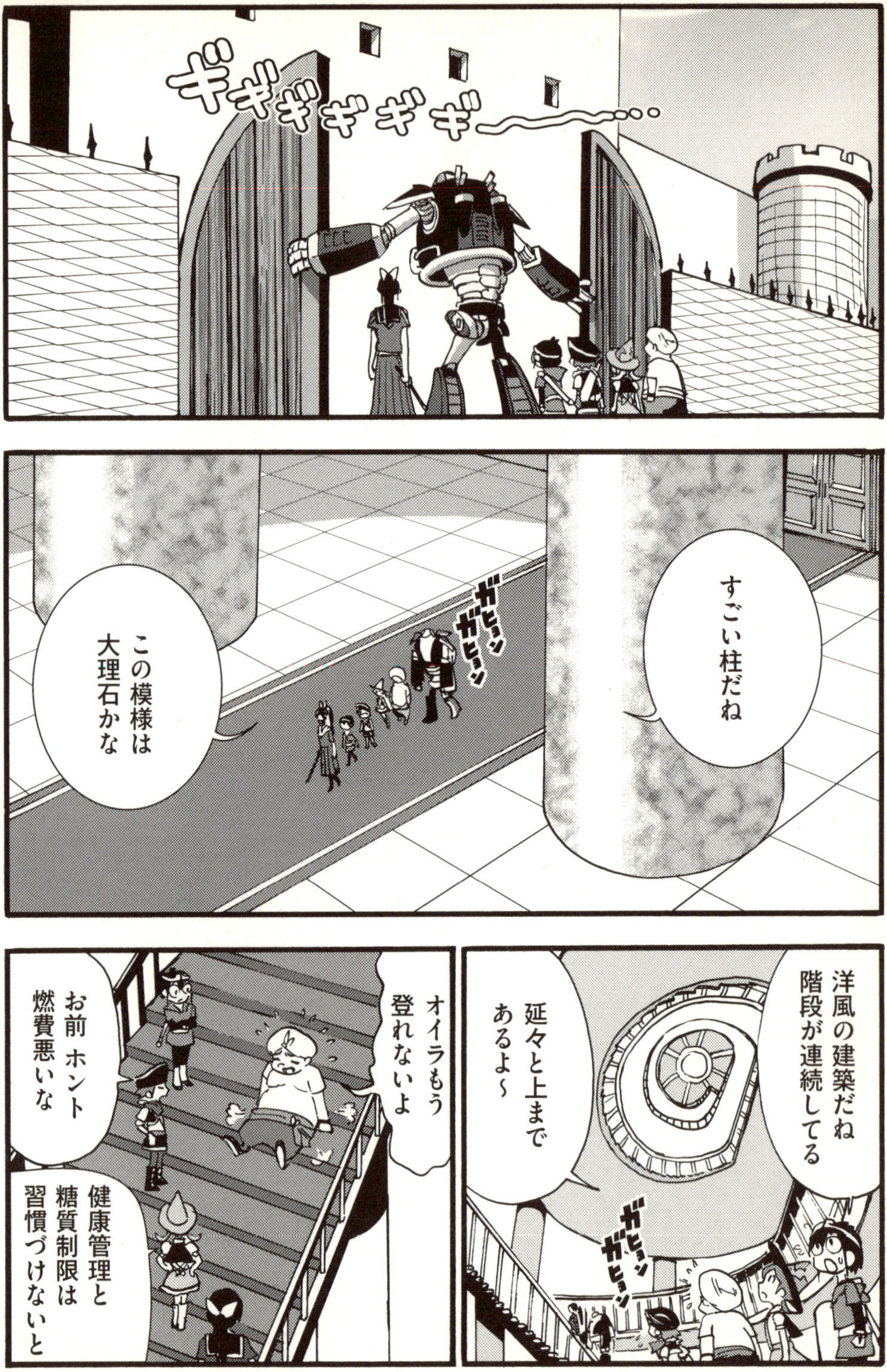
ギギギギギギー〜〜〜…
すごい柱だね
ガヒョン ガヒョン
この模様は大理石かな
洋風の建築だね 階段が連続してる
延々と上まであるよ〜
ガヒョン ガヒョン
オイラもう登れないよ
お前 ホント 燃費悪いな
健康管理と 糖質制限は 習慣づけないと

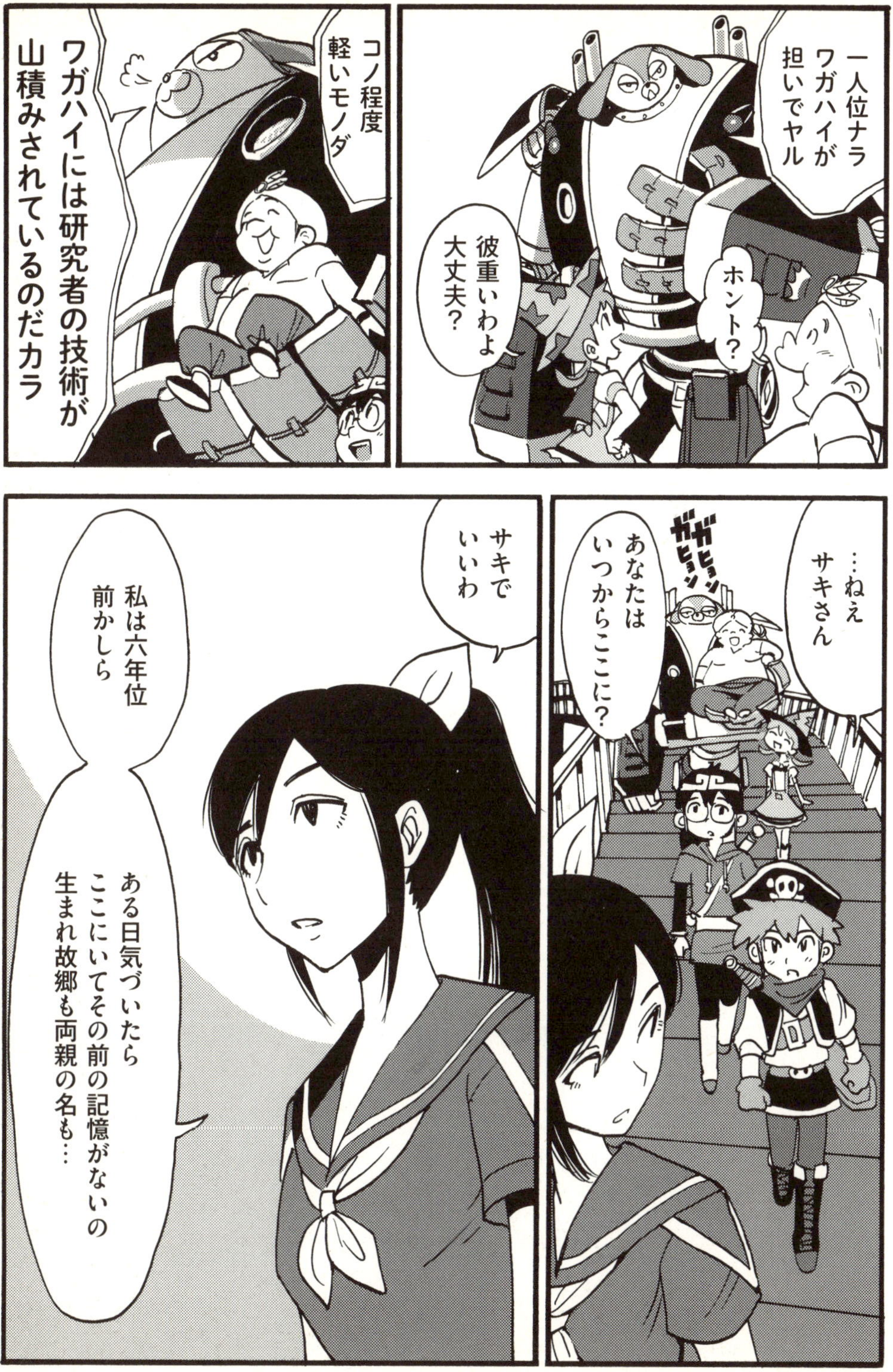
一人位ナラ ワガハイが 担いでヤル
ホント?
彼重いわよ 大丈夫?
コノ程度 軽いモノダ
ワガハイには研究者の技術が 山積みされているのだカラ
…ねぇ サキさん
ガヒョッ ガヒョッ
あなたは いつからここに?
サキで いいわ
私は六年位 前かしら
ある日気づいたら ここにいてその前の記憶がないの 生まれ故郷も両親の名も…

だれか寝てる？
ガピョッ
ガピョッ
ええ
ここの領主女王様よ
ええ!?

し…
死んでるの？
いいえ
彼女は私が来た時からずっとこの状態で眠ってるの
理由は分からないけど
この人を看護しなくちゃいけない――そんな激しい感情が私の中にあるの
そしてそんな盟友のサキ様を強い意志でお守りするのがワガハイの喜び
ブシュー!!
…へぇ

あ！
机の上にある
この本
百科事典じゃない？
え？
それって
図書室から
消えた例の？
コクッ
？
その本は私が目覚めた時に
ただ一つだけ持っていた物
だけどそれは
良くない物よ
良くない物？

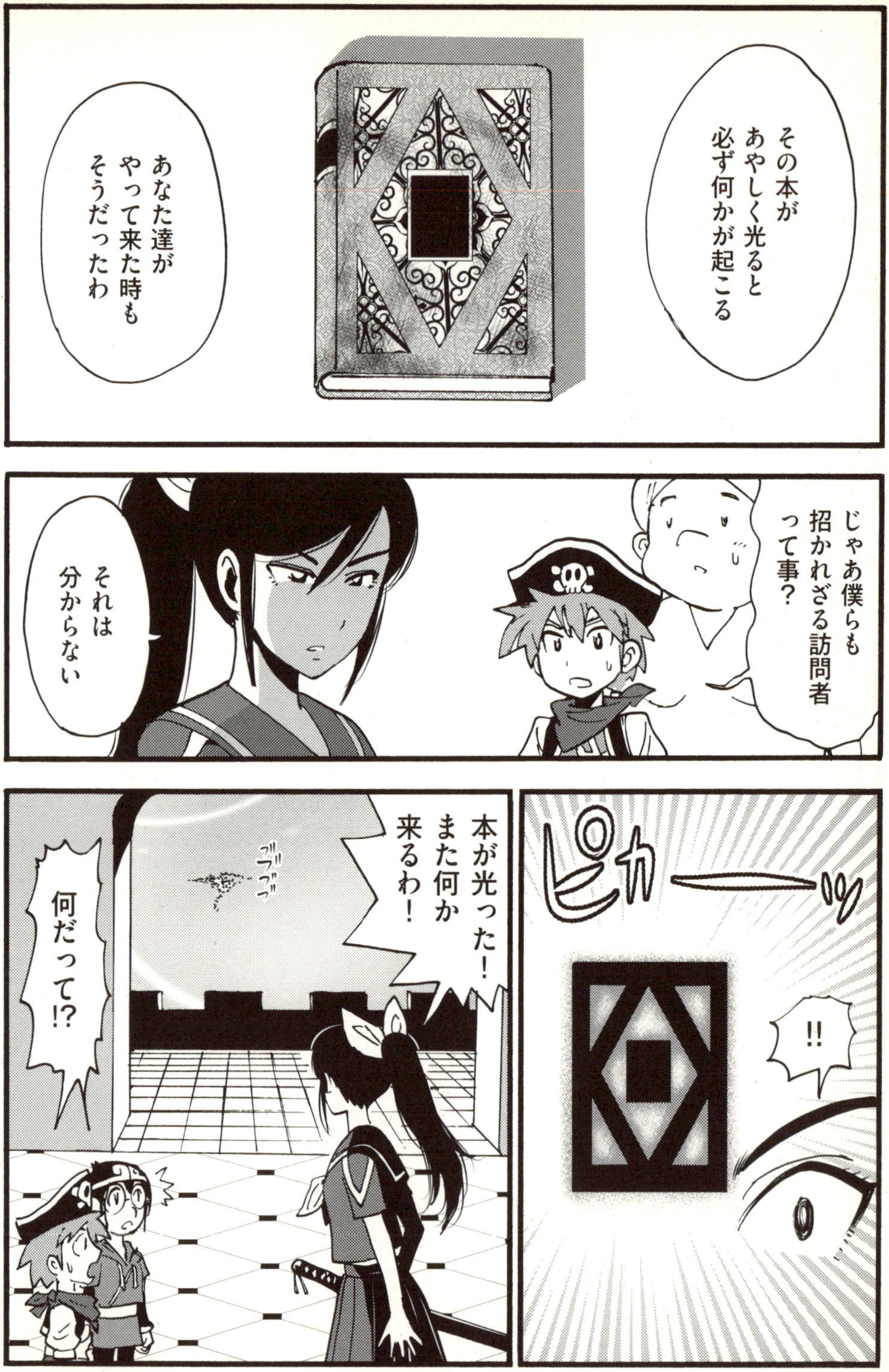
その本が
あやしく光ると
必ず何かが起こる
あなた達が
やって来た時も
そうだったわ
じゃあ僕らも
招かれざる訪問者
って事？
それは
分からない
ピカーーッ
!!
本が光った！
また何か
来るわ！
何だって!?

遠くから黒い雲が近づいてくる
いや違うぞ!!
巨大昆虫の大群だ!!

行くよ
ピピ!!
ブブブブ
ガコン
ギュルン
バコッ
ガッテン承知!
ピピ飛行モードに変形!!
サキ!!
オレらも
手伝うよ!!
虫なんて
退治して
やる!
だん!!
いいえ結構
私一人で防げるわ
今までもずっと
そうしてきたんだもの!
ギュ〜〜〜ン

ねえ…
ん？
みんなも気づいてるんじゃない？
あのサキって人……
数年前に行方不明になった女の子じゃないのかな？

そしてこの世界も
サキが作った
ものなのかも
何だって？
どうして
そう思うんだい？
だってほら
今までの世界の攻撃や
しかけは全て〃言葉〃が
カギになってる
オォォォォ…
ああ…
そしてあの
百科事典
なるほど…
サキが持ってきた百科事典の
中の情報と言葉が飛び出して
いろんな世界を作ったたって事か

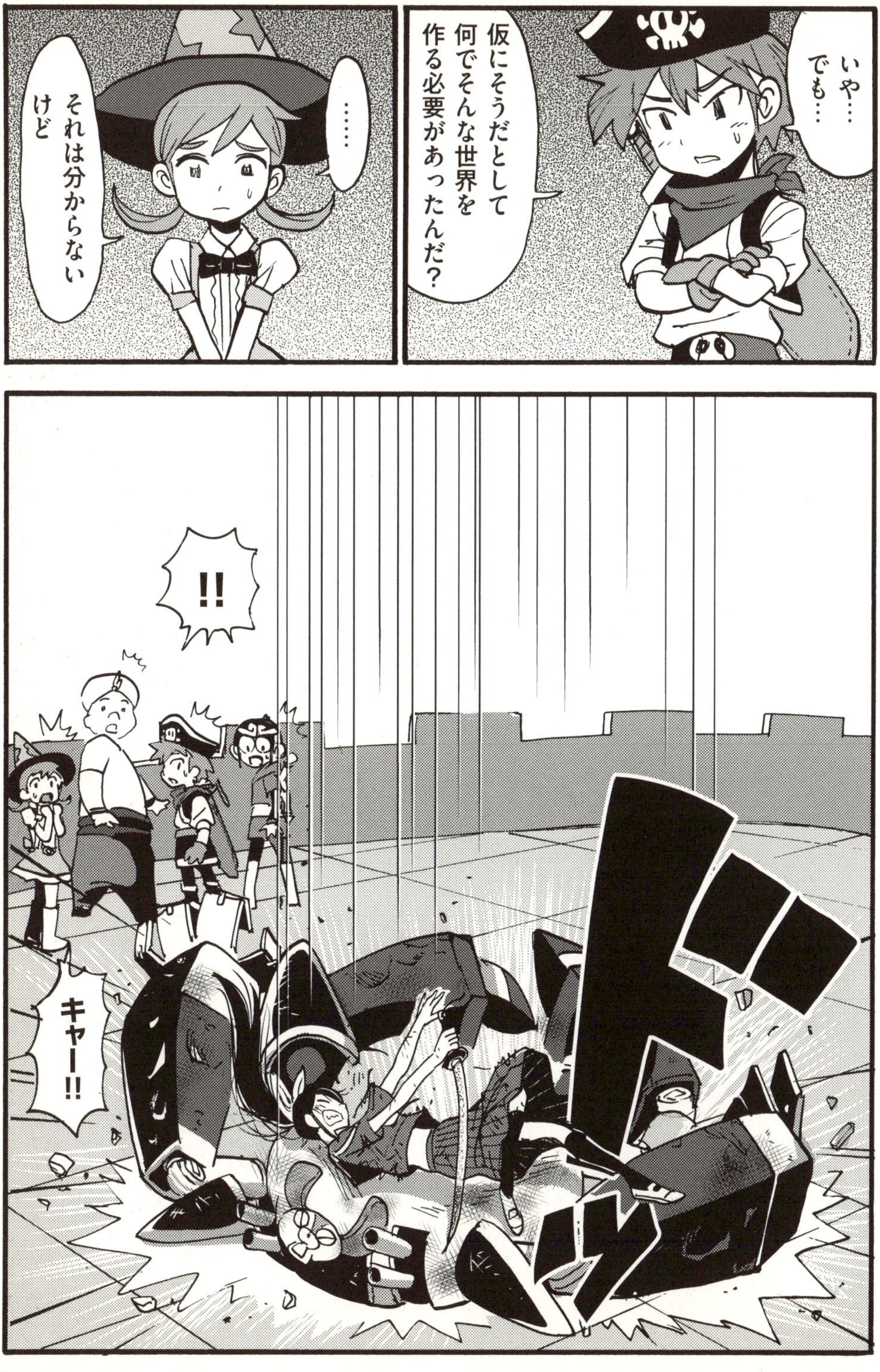
いや…　でも…
仮にそうだとして　何でそんな世界を　作る必要があったんだ？
……
それは分からない　けど
!!
キャー!!
ドッ

サキ!!
着陸失敗
機体損傷
サキ負傷！
非常事態
発生!!
ひどい傷！
早く治療
しないと…
ここは
ぼく達に
任せて！
ヨロ…
必要ないって
言ったでしょ！
ピピ！
四人を連れて
早く城内に入って!!
ピピ…
スミマセン…
耳の機能が故障…
ご指示ガヨク
聞コエマセン！
パタ
うわっ幼虫
みたいなのが
降ってきた!!
尺取り虫よ！
気持ち悪い！
ボト
ボト
ボト

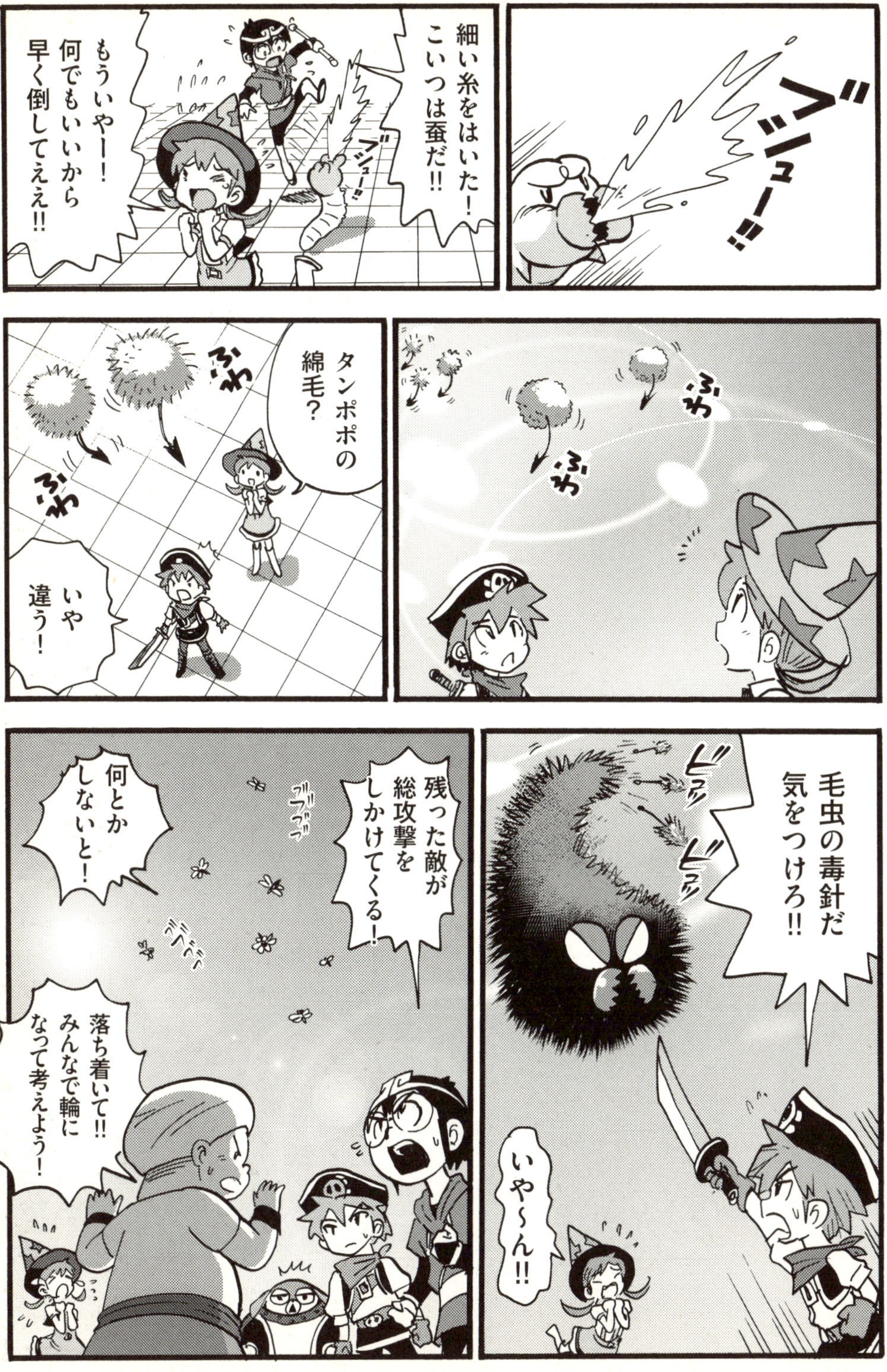
ブシュー!!
細い糸をはいた!こいつは蚕だ!!
ブシュー!!
もういやー!何でもいいから早く倒してぇえ!!
ふわ
ふわ
ふわ
タンポポの綿毛?
ふわ
いや違う!
毛虫の毒針だ気をつけろ!!
ビュッ
ビュッ
いや〜ん!!
残った敵が総攻撃をしかけてくる!
ブブブブ
何とかしないと!
ブブブブ
落ち着いて!!みんなで輪になって考えよう!

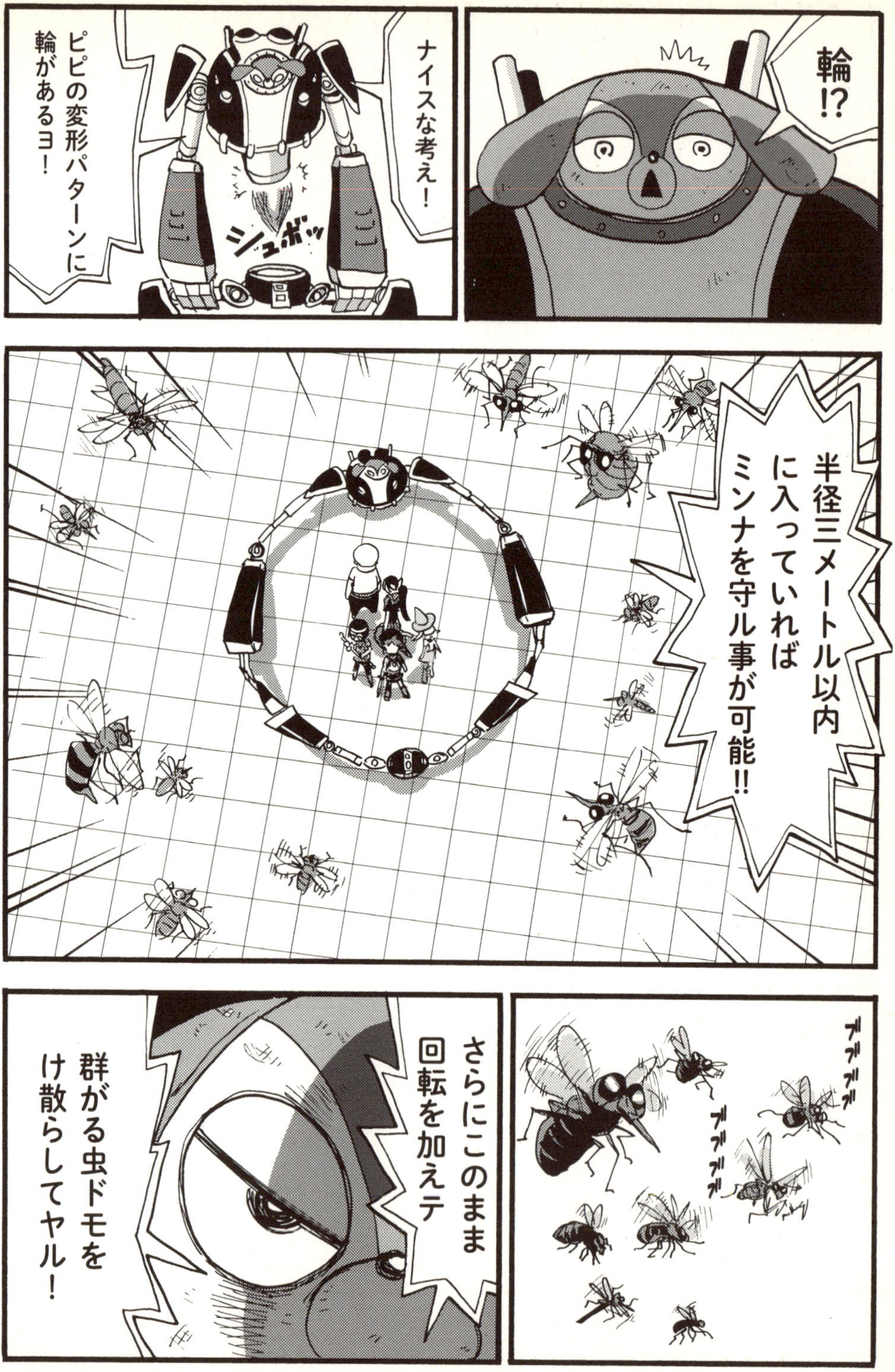
輪!?
ナイスな考え！
ピピの変形パターンに輪があるヨ！
シュボッ
半径三メートル以内に入っていればミンナを守ル事が可能!!
ブブブブ
ブブブブ
さらにこのまま回転を加えテ
群がる虫ドモをけ散らしてヤル！

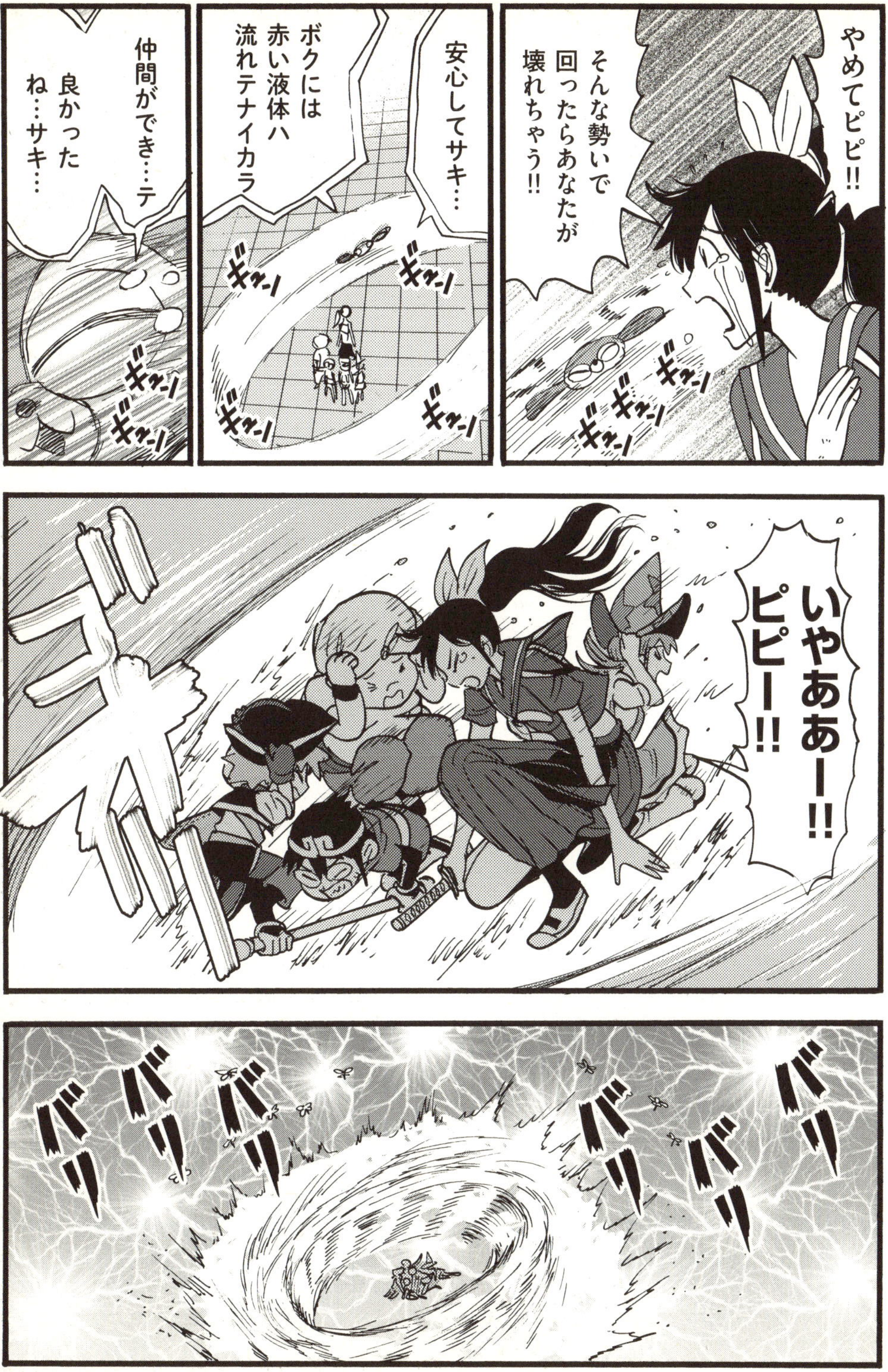
やめてピピ!!
そんな勢いで回ったらあなたが壊れちゃう!!
安心してサキ…
ボクには赤い液体ハ流れテナイカラ
仲間ができ…テ
良かったね…サキ…
いやあぁー!!
ピピー!!
バリバリ
バリバリ
バリバリ
バリバリ

ドン!!
ゲホッ
ゲホッ
敵は全部消えたみたいだ…

ピピ!!
ピピ…
オレらのためにぎせいになって…
サキさん…悲しいのは分かるけど
あなた自身のケガも早く手当てしないと…
さわらないで!!

——ごめんなさい 大丈夫だから… 放っておいて…
サキ! 君は心を閉ざしてしまっている
外から来るものは全て敵だと思ってる でも——
この世界を襲《おそ》う悪《あ》しき者は全て独りぼっちの君の深い心の闇《やみ》が産み出したものじゃないのか?
何を言うの?
オレもそうだった いつもチームメイトに批判的でアイツらが信じられずにいた
だけど…

この旅を通じて学んだんだ
ドン!!
友がいて仲間がいて初めて何かを成しとげる事ができる!
私にはそんなもの必要ない!
この城と守るべき女王がいればいいの!!
サキさん ぼくの話もいいかい?
ぼくの家は母子家庭で母さんは女手一つでぼくを育ててくれた
それがどれだけ大変な事か分かってるつもりだったんだ

母さんはぼくの事を一番に思ってくれる
ぼくのためならどんな理不尽な事でもガマンしてくれてるんだ
百円均一の化粧品でもせいいっぱいメイクしてクーポン券が貯まるとうれしそうにして…
だから早く就職して一人前になりたかった
それが親孝行だと自分を納得させていたんだ
でもそれは今直面してる現実から逃げてるだけだった
順序が逆だったんだよ
大切なのは母さんと今を一生けんめいに生きる事——
ようやくそれに気づいたんだ
そのためには五つのピースを集めてみんなで元の世界に帰る——もちろん君も一緒に!
ここにいる全員で元の世界に帰るんだ!

元の世界に？
帰る…？
オイラ 自分は人に認めてもらえない存在だって思ってた
役に立たないムダな知識しかなくて
未来の事なんかちっとも考えてなかった
でもダイスケのひらめきはいつもオレらを救ってくれた
なぞなぞや暗号はほとんどダイスケが解いてくれたんだ！
この旅でオイラ目標ができたんだ
人助けができる人間になろうって
今はそこに向かって進むだけ！
早く帰ってもっと勉強したい！
早く帰って…
勉強…？

私は大好きなパパを交通事故で亡くしたわ
パパを忘れて他人に心を移すママがいやだった
新しい父親を受け入れる気なんて全くなかった
でもこの旅でそれは違うって気づいたの
生きている者は限られた時間の中でみな幸せになる権利が平等にあるんだって事に
生きている者…
パパ…ママ…
ママ…
ポタッ

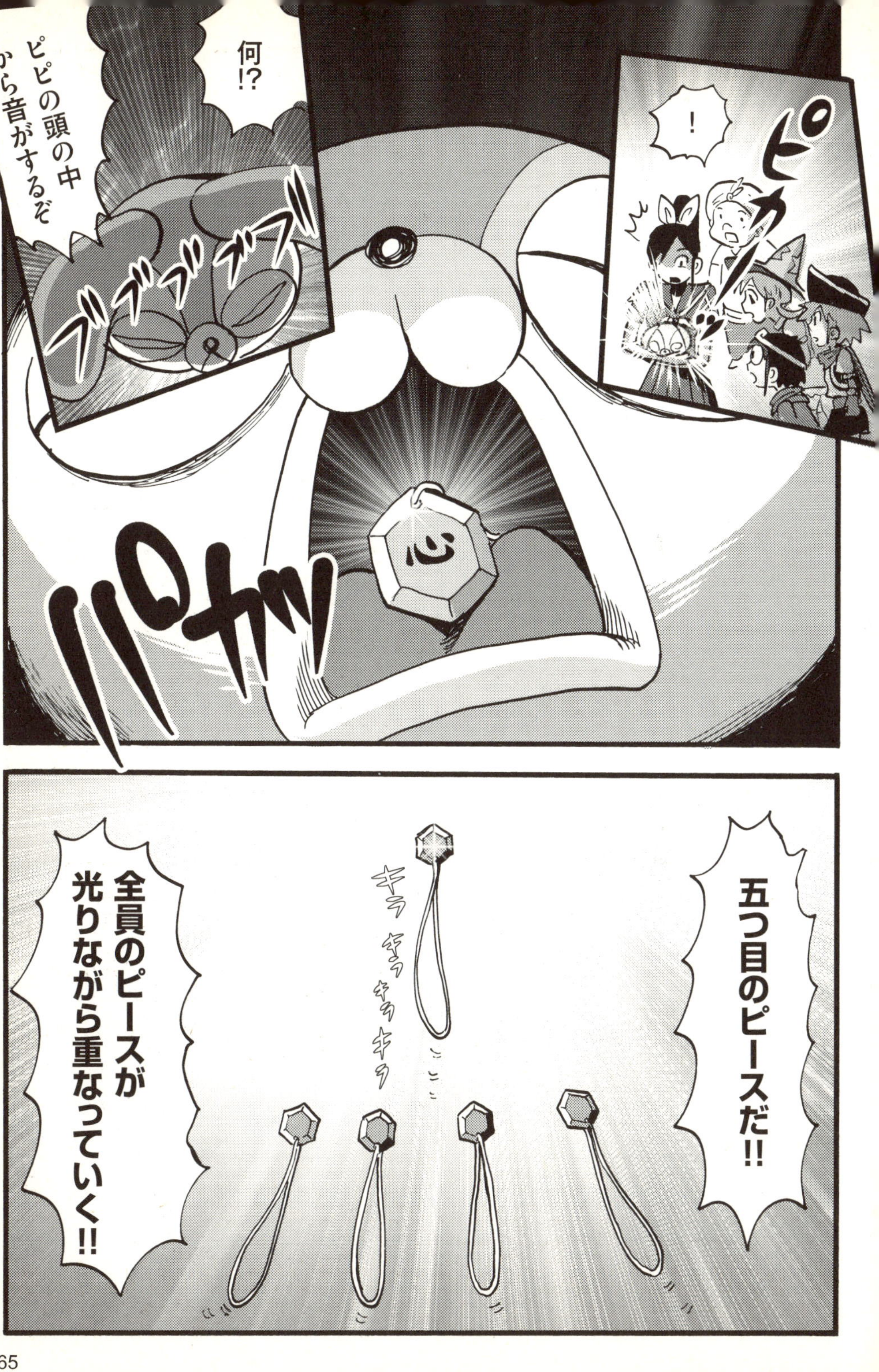

ピク
!
何!?
ピピの頭の中から音がするぞ
ブブブブブ!!
パカッ
心
五つ目のピースだ!!
キラ キラ キラ キラ
全員のピースが光りながら重なっていく!!

愛
ピカーー!!

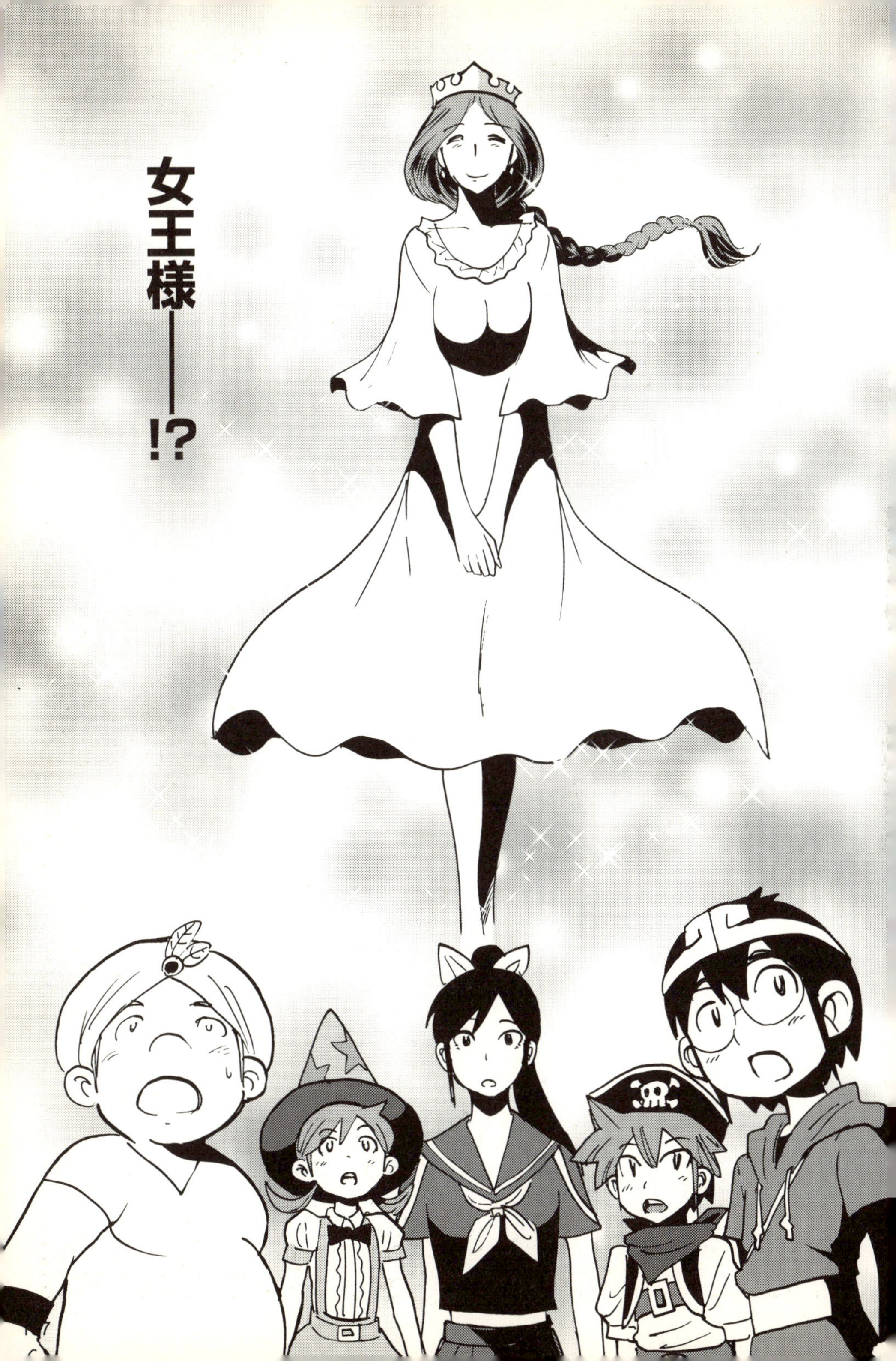
女王様――!?

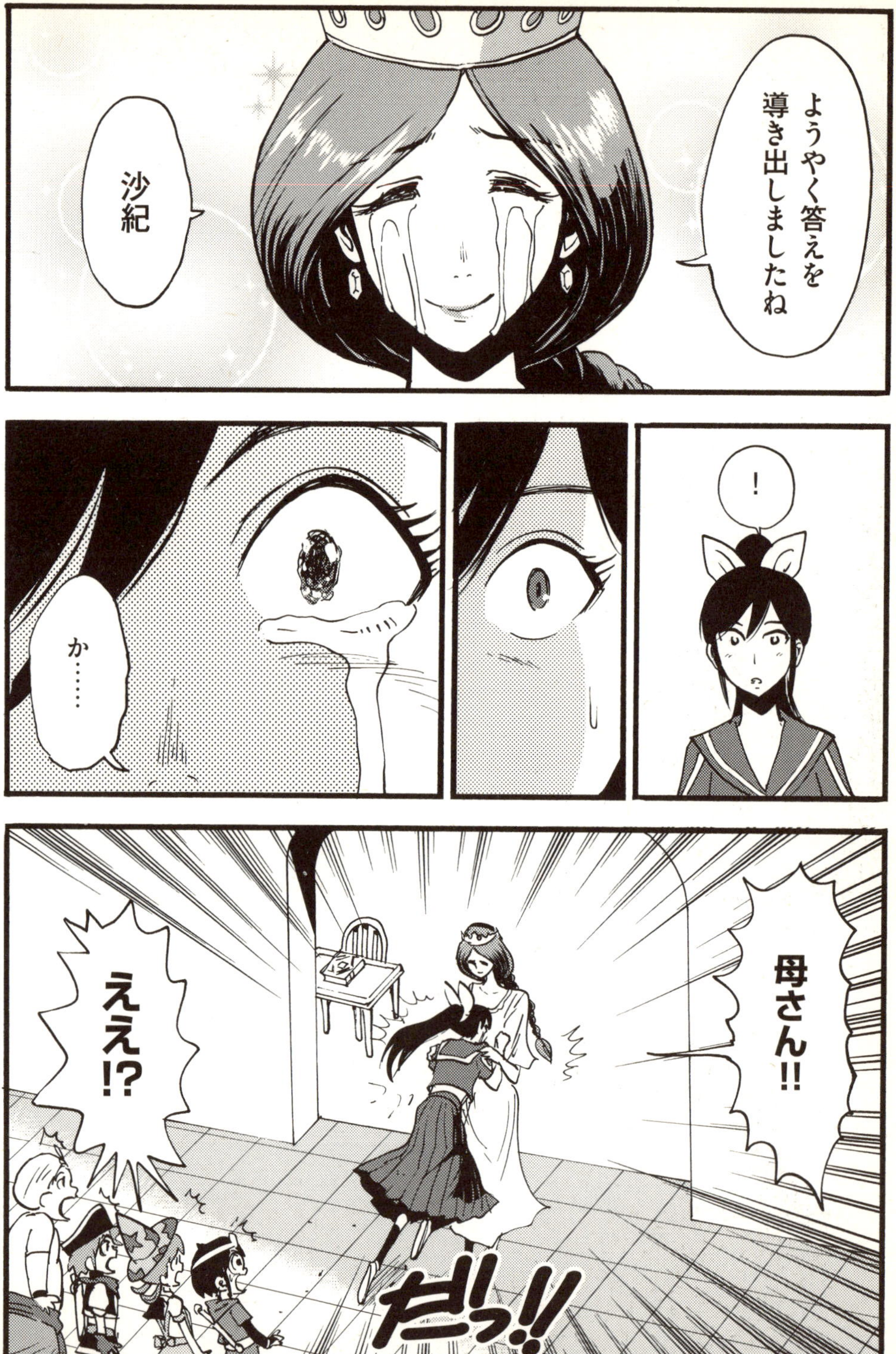
ようやく答えを導き出しましたね
沙紀
!
か……
母さん!!
ええ!?
だっ!!

今までありがとう
私を守ってくれて
でももういいのよ
元いた世界に
帰りなさい
いや!!
お母さんと離れる
事なんてできない!
私また独りぼっちに
なっちゃうよ!!

あなたはもう
独りじゃないわ
さあ…
行きなさい

お母さん……

ゴト
ゴト
ゴト
バンッ!!
ドサドサ〜
!
やった!元の図書室だ!

衣服も元に戻ってる
夢でも見てたのかしら
夢じゃないわ
みんなありがとう
私を現実の世界に連れもどしてくれて
サキ!!
お帰り!!

その後
サキさんはなぜ
あの世界が
できたかを
話してくれた
よーし!
フリーキック
蹴りたい人!
え
ケイタに
しては
めずらしいな
いつもなら
オレが蹴るって
言うのに
大好きなお母さんが
亡くなって
つらい現実を直視できず
引きこもるようになった事
姉も妹もおらず
遊び相手もなく
独りで漢字パズルを
作り続けていた事
ガシッ
いいよいいよ
気にすんな!!
ドンマイ!!

そのうち
本の世界に
浸るようになって
点取り返していこーぜー!!
オー!!
そんな強い願望や妄想が
図書室の百科事典と共鳴し
異世界への扉を開いて
しまったのではないかと
大切なのは
前に進む力
中央図書館
勉強熱心ね
ダイスケ君
あ
サキさん
こんにちは
私が使ってた英語の
辞書だけどいる?
英和辞典
ありがとう!
これで外国の調査
もはかどるよ!

今日は歴史の勉強！
江戸幕府の発展と衰《すい》退についてかな
日本の歴史
六法全書
あとは邪馬台国《やまたいこく》！
一説によると九州の山門《やまと》郡にあったらしいね
あと憲法九条と平和論についても調べてるんだ

山門郡：今の福岡県の一部

知ってる？
日本の平和憲法は旧憲法を改正したと言われてるけど実際は一から創られたものなんだって
末は博士か大臣ね！
おだてないでよ！
別冊サイエンス ロボット工学
でもオイラ将来は人を助ける仕事がしたいんだ
司法試験を受けて弁護士か裁判官になろうかなって
だから人一倍勉強してるのね
全力を発揮してオイラがんばるよ！
中央図書館

ねえパパ
その塩取って
え？
塩よ
ソ・ル・ト
早くしてよ
ガタッ
どうしたの？
急に
食事中に席を
立つなんて
さあ？
どうして
かしらね
チナツが…
ぼくの事
パパって呼んでくれた…

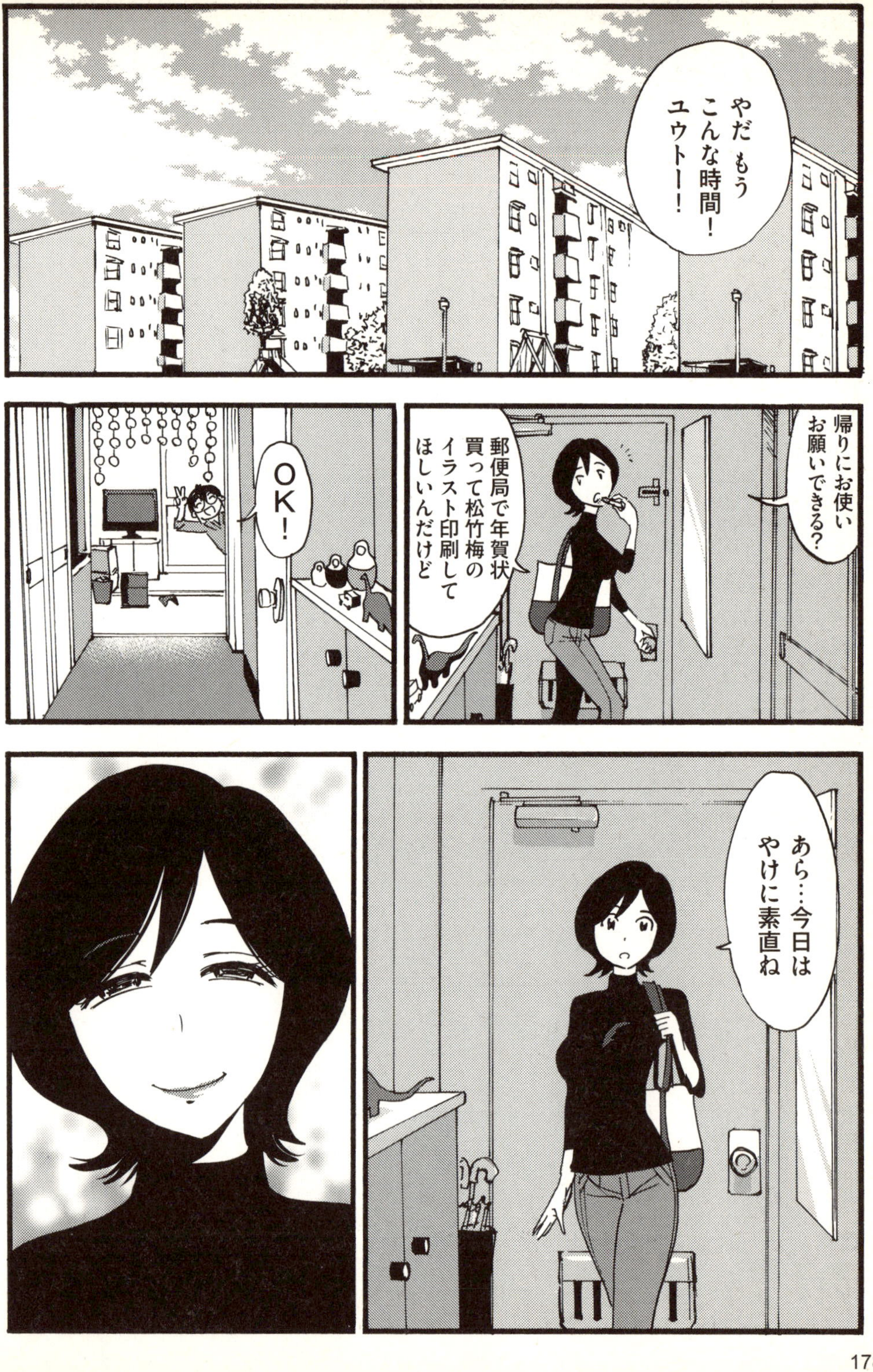
やだ もう こんな時間! ユウトー!
帰りにお使い お願いできる?
郵便局で年賀状 買って松竹梅の イラスト印刷して ほしいんだけど
OK!
あら…今日は やけに素直ね

じゃあ よろしくね！
行ってきます！
うん
国語テスト
100
行ってらっしゃい 母さん!!

ボーナスステージ

学校ふしぎクラブへの挑戦状

ここまで読んでくれた君には

「学校ふしぎクラブ」への

入部を許可しよう。

次のページから始まるクイズを

解いてくれ！

学校ふしぎクラブへの挑戦状①

〝言葉の橋〟にかくれていた四字熟語は？

104ページの言葉の橋にかくれていた四字熟語は以下の通り。みんなはいくつ探せたかな？

命	対	食	強	肉	弱	音
絶	体	絶	句	異	口	同
校	海	臨	新	入	国	盟
学	楽	機	心	直	三	短
起	倒	一	応	刀	単	中
八	転	七	変	哀	夢	霧
法	末	行	文	五	里	我
作	儀	本	三	院	私	無
故	世	束	怒	入	査	平
事	出	二	発	検	死	公
通	身	髪	一	機	不	喜
交	立	夫	工	危	生	敵
往	左	意	創	鳥	長	大
火	往	右	終	始	二	断
長	石	光	電	部	石	油
深	味	意	退	一	進	一

一石二鳥（いっせきにちょう）
一つの事をして同時に二つの利益を得ること。

危機一髪（ききいっぱつ）
髪の毛一本ほどの差で重大な危機になるギリギリの状態。

二束三文（にそくさんもん）
数量が多くてもわずかな金額にしかならないこと。

五里霧中（ごりむちゅう）
手探り状態でどうしたらいいか迷《まよ》うこと。

単刀直入（たんとうちょくにゅう）
前置きや遠回しな言い方なしに本題に入ること。

異口同音（いくどうおん）
多くの人が同じこと（意見）を言うこと。

弱肉強食（じゃくにくきょうしょく）
強い者が弱い者をぎせいにして栄えること。

絶体絶命（ぜったいぜつめい）
追いつめられてどうにもならない窮地《きゅうち》に立たされること。

一進一退（いっしんいったい）
進んだり退いたり、良くなったり、悪くなったりすること。

意味深長（いみしんちょう）
奥に深い意味や別の意味がかくされている様子。

油断大敵（ゆだんたいてき）
油断すると思わぬ失敗をするということ。

一部始終（いちぶしじゅう）
最初から終わりまで。

電光石火（でんこうせっか）
とても短い時間のこと。

右往左往（うおうさおう）
混乱《こんらん》してウロウロする様子。

創意工夫（そういくふう）
新しいことを思いつき、それを実行する方法を考えること。

交通事故（こうつうじこ）
自動車や船、飛行機などの事故。

立身出世（りっしんしゅっせ）
社会的に高い地位につき、名をあげること。

公平無私（こうへいむし）
平等で私利私欲がない様子。

三国同盟（さんごくどうめい）
一九四〇年に日本、ドイツ、イタリアで結ばれた軍事同盟。

行儀作法（ぎょうぎさほう）
その文化に合った言動の仕方のこと。

七転八起（しちてんはっき）
何度失敗してもくじけずに立ち直ること。

七転八倒（しちてんばっとう）
転げ回るほど苦しんでいる様子。

臨機応変（りんきおうへん）
その場に応じて適切な手段を講じること。

臨海学校（りんかいがっこう）
海の近くで、水泳などの訓練をする学校行事。

心機一転（しんきいってん）
気持ちをよい方向に切りかえること。

本末転倒（ほんまつてんとう）
物事の大切なこととどうでもいいことを取り違えること。

入院検査（にゅういんけんさ）
病院に入院して検査すること。

無我夢中（むがむちゅう）
我を忘れるほど心を奪われること。

喜怒哀楽（きどあいらく）
喜び、怒り、悲しみ、楽しみなどの感情のこと。

長生不死（ちょうせいふし）
長生きして死なないこと。

学校ふしぎクラブへの挑戦状②

追加の漢字を覚えちゃおう!

2020年から新たにみんなが覚える漢字が20個追加されるぞ！　加えられるのは都道府県名に使われるこれらの漢字だ。みんな地図帳などを見ながら、空いた所に漢字を入れて読んでみよう！（答えは192ページ）

岡	栃	阜	崎
岐	佐	沖	埼
縄	潟	鹿	香
媛	茨	阪	熊
滋	井	梨	奈

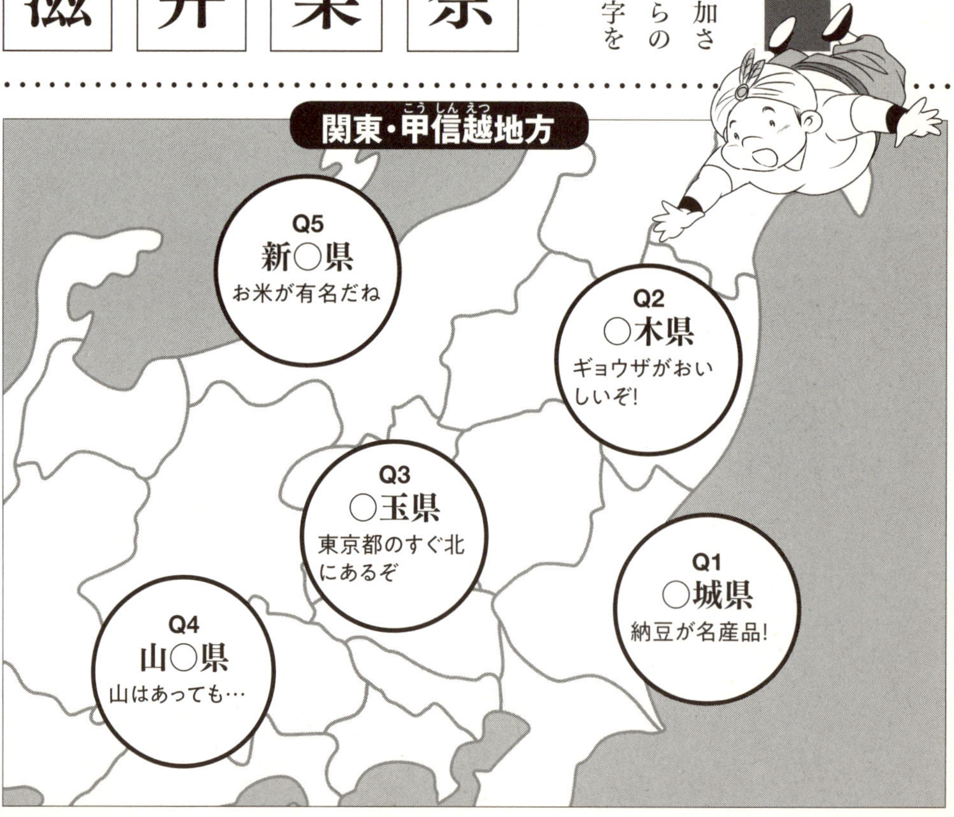

関東・甲《こう》信《しん》越《えつ》地方
Q5
新◯県
お米が有名だね
Q2
◯木県
ギョウザがおいしいぞ!
Q3
◯玉県
東京都のすぐ北にあるぞ
Q1
◯城県
納豆が名産品!
Q4
山◯県
山はあっても…

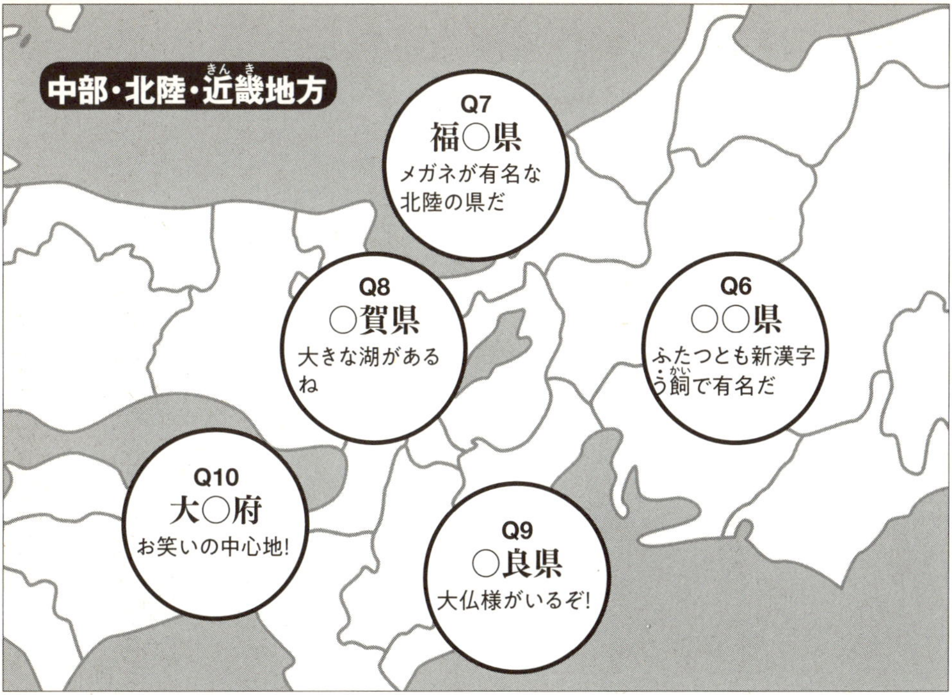
中部・北陸・近畿《きんき》地方
Q7
福◯県
メガネが有名な
北陸の県だ
Q8
◯賀県
大きな湖がある
ね
Q6
◯◯県
ふたつとも新漢字
う飼《かい》で有名だ
Q10
大◯府
お笑いの中心地!
Q9
◯良県
大仏様がいるぞ!

Q11
◯川県
うどん日本一!
Q12
愛◯県
小説『坊っちゃ
ん』の舞台だぞ
四国地方

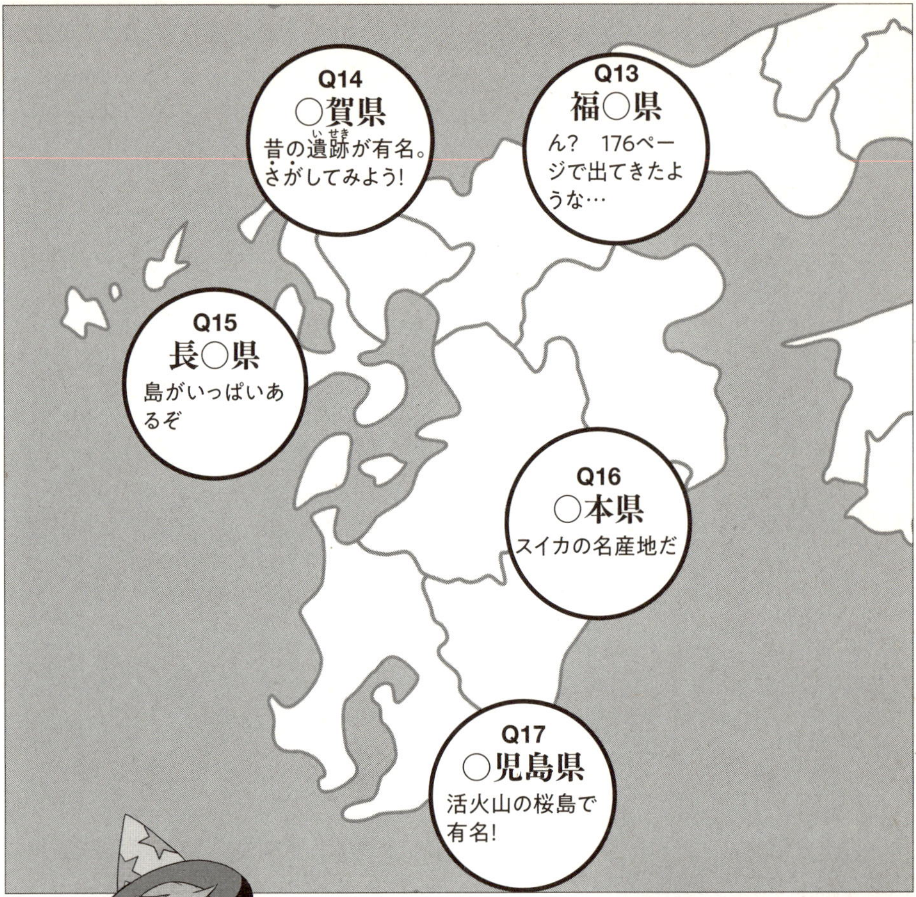
Q14
○賀県
昔の遺《い》跡《せき》が有名。さがしてみよう!
Q13
福○県
ん? 176ページで出てきたような…
Q15
長○県
島がいっぱいあるぞ
Q16
○本県
スイカの名産地だ
Q17
○児島県
活火山の桜島で有名!

九州地方

Q18
○○県
めんそーれ! 日本の一番南だ!

学校ふしぎクラブへの挑戦状③

魔女の攻撃をかわせ！

チナツは、「矢」を「失」に「象」を「像」に書きかえて魔女の攻撃を防ぎます。このように漢字は一部を消したり加えたりすることで異なる意味にできるのです。

魔女が「熊」を出したらどうでしょう。「熊」から「灬」（れっか）を取れば「能」になってしまいます。襲いかかってくる熊がいきなり能面をかぶった能楽師（能を舞《ま》う人）に変身してしまうというのも面白いですね。

では「竜《りゅう》」を出したら？　もし「氵」（サンズイ）を加えたら「滝《たき》」になるので「竜」よりは対処しやすそうです。「鬼《おに》」なら「土」（つちへん）をつけて「塊」にして固めてしまいましょう。さらに矢で「射る」攻撃をしかけてきたらチャンスです。すかさず「言」（ごんべん）を書き加えましょう。そうすれば、魔女たちは自分たちのおこないを後悔して「謝る」に違いありません。

それでは、次の魔女の攻撃に、あなたはどうやって対抗しますか？

① 「刀」で切りかかってきた！

② 「石」をぶつけてきた！

③ 「銃」を構えて、こちらをねらってるぞ！

④ 「岩」を持ち上げてこっちに投げようとしている！

（答えは192ページ）

学校ふしぎクラブへの挑戦状④

ガリレオのアナグラム

ダイスケが見事に解いたアナグラムですが、ちょっとしたコツをマスターすれば、みなさんにも作ることができます。ここでは初級編を紹介しましょう。

まず三~四字の言葉を二つほど選択します。

例えば、「未来」と「世界」です。「みらい」と「せかい」のアナグラムを作ってみると「ミイラ」と「火星」ができます。

これらを使って「未来の世界」から「火星のミイラ」というアナグラムを作ることができます。

「地球温暖化で、未来はみな火星に移住するが、水のない火星で、結局ミイラになってしまう」

というような想像ができるかもしれませんね。

次にある言葉は、人物名のアナグラムです。どうか、解いてみてください。

---

①「**酒盛り後、浮いた**」
なんだか、すごい超能力の持ち主みたいですね。

②「**死体と苦笑**」
ミステリー映画のタイトルみたいです。実際ナゾに包まれた人物です。

③「**まさか、塗料《と》も**」
船を発注したら、まさかと思っていた塗料もサービスでついてきた?

④「**白玉売ろう**」
彼の友達は、白玉ではなく〝キビ団子派〟です。

⑤「**正午内戦**」
十二時ちょうどに内戦勃発《ぼっぱつ》なんて〝いとをかし〟くないですよ!

分からなければ、ひとつひとつひらがなにしてみましょう。

①「さかもりご、ういた」

②「したいとくしょう」

③「まさか、とりょうも」

④「しらたまうろう」

⑤「しょうごないせん」

（答えは192ページ）

ところで、アナグラムが科学史に大きな役割を果たしたことがありました。その主人公は、地動説で有名なガリレオ・ガリレイです。彼は土星に輪があることを発見しましたが、それはまだ不確実で公表できる段階ではなかったのです。

しかし、だれかに先をこされて第一発見者の名誉を奪われてしまう危険性もありました。そこでガリレオは、この発見をバラバラのアルファベットの手紙にして一六一〇年、トスカナ公国の大使に送ったのです。こうしておけば、他のだれかが「土星に輪がある」ことを発見しても、ガリレオはバラバラの文字を並べかえて再生することで最初の発見者であることを主張できるというわけです。ガリレオはやっぱり天才だったんですね！

学校ふしぎクラブへの挑戦状⑤

超難読漢字クイズ

最後は漢字で遊びましょう。大人でも読むことが難しい、超難読漢字クイズです。これを出題してお父さんお母さんをびっくりさせてみるのもいいかも？

さあ、チャレンジしてみましょう！

①ヒント：生物です。

(1)蝙蝠　(2)麒麟　(3)鯱　(4)蜥蜴
(5)土竜　(6)海豚　(7)駱駝　(8)栗鼠
(9)狒狒　(10)海月　(11)烏賊　(12)海鼠
(13)秋刀魚　(14)河豚　(15)浅蜊　(16)蛤
(17)目高　(18)栄螺　(19)郭公　(20)雲雀
(21)駝鳥　(22)啄木鳥　(23)家鴨　(24)燕
(25)孔雀　(26)鳩　(27)信天鳥　(28)蝸牛
(29)蟷螂　(30)蜘蛛　(31)百足　(32)蝉
(33)虱　(34)天道虫　(35)蛾　(36)蛍
(37)蓑虫　(38)紋白蝶　(39)黄金虫

②ヒント：食べ物です。

(1)煎餅　(2)心太　(3)雲呑　(4)檸檬
(5)蜜柑　(6)牛蒡　(7)韮　(8)葱
(9)蒟蒻　(10)木耳　(11)茗荷　(12)羊羹
(13)外郎　(14)加加阿　(15)甘藍　(16)胡瓜
(17)生姜　(18)西瓜　(19)筍　(20)玉蜀黍
(21)茄子　(22)茸　(23)山葵　(24)饅頭
(25)占地　(26)滑子　(27)薄荷　(28)蕎麦
(29)若布　(30)珈琲

③ヒント：国名・都市名です。

(1)独逸　(2)亜米利加　(3)仏蘭西　(4)伊太利亜
(5)瑞西　(6)土耳古　(7)瑞典　(8)印度
(9)巴羅貝　(10)露西亜　(11)羅馬尼亜
(12)英吉利　(13)桑港　(14)紐育　(15)巴里
(16)伯林

④ヒント：ノーヒントです。

(1)固唾　(2)髑髏　(3)購う　(4)贔屓
(5)顛末　(6)欠伸　(7)恭しい　(8)呂律
(9)疾病　(10)寓話　(11)咄嗟　(12)行脚
(13)言質　(14)遊説　(15)一段落　(16)概ね
(17)破綻　(18)軋轢　(19)流布　(20)暖簾
(21)螺旋　(22)些か　(23)成就　(24)渾身
(25)独楽　(26)他人事　(27)木霊　(28)懺悔
(29)相殺　(30)嗚咽　(31)辛辣　(32)凡例
(33)饕餮

（答えは192～193ページ）

ボーナスステージ解答

挑戦状②の答え

Q1／茨（いばらきけん）
Q2／栃（とちぎけん）
Q3／埼（さいたまけん）
Q4／梨（やまなしけん）
Q5／潟（にいがたけん）
Q6／岐阜（ぎふけん）
Q7／井（ふくいけん）
Q8／滋（しがけん）
Q9／奈（ならけん）
Q10／阪（おおさかふ）
Q11／香（かがわけん）
Q12／媛（えひめけん）
Q13／岡（ふくおかけん）
Q14／佐（さがけん）
Q15／崎（ながさきけん）
Q16／熊（くまもとけん）
Q17／鹿（かごしまけん）
Q18／沖縄（おきなわけん）

挑戦状③の答え

①「八」の字を足して2つに「分」けちゃおう！
②「少」を足してさらさらの「砂」にしちゃえ！
③「充」を消してお「金」にしちゃえ！
④「石」を消して「山」にしておしつぶしちゃえ！
※他にも答えはあるかも。分かったら教えて！

挑戦状④の答え

①西郷隆盛　②聖徳太子　③坂本竜馬
④浦島太郎　⑤清少納言

挑戦状⑤の答え

①
(1) こうもり　(2) きりん　(3) しゃち
(4) とかげ　(5) もぐら　(6) いるか
(7) らくだ　(8) りす　(9) ひひ
(10) くらげ　(11) いか　(12) なまこ
(13) さんま　(14) ふぐ　(15) あさり
(16) はまぐり　(17) めだか　(18) さざえ
(19) かっこう　(20) ひばり　(21) だちょう
(22) きつつき　(23) あひる　(24) つばめ

㉕くじゃく　㉖はと　㉗あほうどり
㉘かたつむり　㉙かまきり　㉚くも
㉛むかで　㉜せみ　㉝しらみ
㉞てんとうむし　㉟が　㊱ほたる
㊲みのむし　㊳もんしろちょう　㊴こがねむし

②
①せんべい　②ところてん　③わんたん
④れもん　⑤みかん　⑥ごぼう
⑦にら　⑧ねぎ　⑨こんにゃく
⑩きくらげ　⑪みょうが　⑫ようかん
⑬ういろう　⑭かかお　⑮きゃべつ
⑯きゅうり　⑰しょうが　⑱すいか
⑲たけのこ　⑳とうもろこし　㉑なす
㉒きのこ　㉓わさび　㉔まんじゅう
㉕しめじ　㉖なめこ　㉗はっか
㉘そば　㉙わかめ　㉚コーヒー

③
①ドイツ　②アメリカ　③フランス
④イタリア　⑤スイス　⑥トルコ
⑦スウェーデン　⑧インド　⑨パラグアイ
⑩ロシア　⑪ルーマニア　⑫イギリス
⑬サンフランシスコ　⑭ニューヨーク　⑮パリ
⑯ベルリン

④
①かたず　②どくろ　③あがな・う
④ひいき　⑤てんまつ　⑥あくび
⑦うやうやしい　⑧ろれつ　⑨しっぺい
⑩ぐうわ　⑪とっさ　⑫あんぎゃ
⑬げんち　⑭ゆうぜい　⑮いちだんらく
⑯おおむ・ね　⑰はたん　⑱あつれき
⑲るふ　⑳のれん　㉑らせん
㉒いささ・か　㉓じょうじゅ　㉔こんしん
㉕こま　㉖ひとごと　㉗こだま
㉘ざんげ　㉙そうさい　㉚おえつ
㉛しんらつ　㉜はんれい　㉝ひんしゅく

学校ふしぎクラブと言葉の国

さくいん

分からなかった
漢字の読み方は
ここにのってるぞ!!

プロローグで出てくる漢字

ページ	漢字	読み（カッコ内は送りがな）	習う学年（例）③：3年生　㊥は中学生以上）
2	図書室	と／しょ／しつ	図②／書②／室②
3	右	みぎ	右①
3	二度	に／ど	二①／度③
3	前	まえ	前②
3	一緒	いっ／しょ	一①／緒㊥
3	補欠	ほ／けつ	補⑥／欠④
3	全員	ぜん／いん	全③／員③
3	反省	はん／せい	反③／省④
3	戻	もど（って）	戻㊥
3	謝	あやま（る）	謝⑤
3	考	かんが（え）	考②
4	急	きゅう	急③
4	電話	でん／わ	電②／話②

4	何	なん	何②
4	用	よう	用②
4	帰宅	き／たく	帰②／宅⑥
4	時間	じ／かん	時②／間②
4	分	わ（かって）	分②
4	今日	きょう	今②／日①
4	桜	さくら	桜⑤
4	木	ぎ【き】	木①
4	誕生日	たん／じょう／び	誕⑥／生①／日①
4	複雑	ふく／ざつ	複⑤／雑⑤
4	話	はなし	話②
4	関係	かん／けい	関④係③
4	悩	なや（み）	悩㊥
4	菓子	か／し	菓㊥／子①
4	食	た（べ）	食②
4	幸	しあわ（せ）	幸③
4	顔	かお	顔②
4	否定	ひ／てい	否⑥／定③
4	一番	いち／ばん	一①／番②
4	炭火	すみ／び	炭③／火①
4	焼肉	やき／にく	焼④／肉②
5	夕食	ゆう／しょく	夕①／食②
5	帰	かえ（ら）	帰②
5	部活	ぶ／かつ	部③／活②
5	世界	せ／かい	世③／界③
5	百科	ひゃっ／か	百①／科②

5	事典	じ／てん	事③／典④
5	借	か（りた）	借④
5	児童	じ／どう	児④／童③
5	持出	もち／だし	持③／出①
5	禁止	きん／し	禁⑤／止②
5	返却	へん／きゃく	返③／却㊥
5	期限	き／げん	期③／限⑤
5	早	はや（く）	早①
5	返	かえ（し）	返③
5	歴史	れき／し	歴④／史④
5	地理	ち／り	地②／理②
5	諸君	しょ／くん	諸⑥／君③
5	放課後	ほう／か／ご	放③／課④／後②
5	君	きみ	君③
5	六	ろく	六①
5	組	くみ	組②
6	呼	よ（びかけ）	呼⑥
6	応	こた（えて）	応⑤
6	事	こと	事③
6	決	き（まって）	決③
6	学校	がっ／こう	学①／校①
6	伝説	でん／せつ	伝④／説④
6	今	いま	今②
6	年	ねん	年①
6	昔	むかし	昔③
6	冊	さつ	冊⑥

6	本	ほん	本①
6	持	も（った）	持③
6	入	はい（って）	入①
6	姿	すがた	姿⑥
6	消	け（した）	消③
6	少女	しょう／じょ	少②／女①
6	確	たし（か）	確⑤
6	会	かい	会②
6	副会長	ふく／かい／ちょう	副④／会②／長②
6	剣道部	けん／どう／ぶ	剣㊥／道②／部③
6	所属	しょ／ぞく	所③／属⑤
6	賞状	しょう／じょう	賞④／状⑤
6	残	のこ（って）	残④
6	聞	き（いた）	聞②
6	毎週	まい／しゅう	毎②／週②
6	木曜	もく／よう	木①／曜②
6	午後	ご／ご	午②／後②
6	三時	さん／じ	三①／時②
6	十	じゅう	十①
6	分	ふん	分②
6	秒針	びょう／しん	秒③／針⑥
6	真下	ま／した	真③／下①
6	指	さ（す）	指③
6	時	とき	時②
6	異	い	異⑥
6	扉	とびら	扉㊥

6	開	ひら（く）	開③
7	我	われ（ら）	我⑥
7	検証	けん／しょう	検⑤／証⑤
7	勝手	かっ／て	勝③／手①
7	作	つく（んない）	作②
7	歯医者	は／い／しゃ	歯③／医③／者③
7	行	い（く）	行②
7	予定	よ／てい	予③／定③
7	待	ま（って）	待③
7	条件	じょう／けん	条⑤／件⑤
7	協力	きょう／りょく	協④／力①
7	読書	どく／しょ	読②／書②
7	感想文	かん／そう／ぶん	感③／想③／文①
7	宿題	しゅく／だい	宿③／題③
7	全部	ぜん／ぶ	全③／部③
7	引	ひ（き）	引②
7	受	う（ける）	受③
7	悪	わる（く）	悪③
7	国語	こく／ご	国②／語②
7	成績	せい／せき	成④／績⑤
7	学級	がっ／きゅう	学①／級③
7	委員	い／いん	委③／員③
7	飼育	し／いく	飼⑤／育③
7	班長	はん／ちょう	班⑥／長②
7	算数	さん／すう	算②／数②
7	苦手	にが／て	苦③／手①

7	詩	し	詩③
7	俳句	はい／く	俳⑥／句⑤
7	大得意	だい／とく／い	大①／得④／意③
7	任	まか（せ）	任⑤
7	決	き（まれば）	決③
7	善	ぜん	善⑥
7	急	いそ（げ）	急③
7	各自	かく／じ	各④／自②
7	探	さが（して）	探⑥
7	集合	しゅう／ごう	集③／合②
8	宝島	たから／じま	宝⑥／島③
8	魔法使	ま／ほう／つか（い）	魔㊥／法④／使③
8	源氏物語	げん／じ／もの／がたり	源⑥／氏④／物③／語②
8	四	よん	四①
8	迷	まよ（った）	迷⑤
8	西遊記	さい／ゆう／き	西②／遊③／記②
9	狭	せま（い）	狭㊥
9	少	すこ（し）	少②
9	間	あいだ	間②
9	五	ご	五①
9	以上	い／じょう	以④／上①
9	暗	くら（くて）	暗③
9	息	いき	息③
9	苦	くる（しい）	苦③

9	肺	はい	肺⑥
9	酸素	さん／そ	酸⑤／素⑤
9	吸	す（えない）	吸⑥
9	背中	せ／なか	背⑥／中①
9	痛	いた（い）	痛⑥
9	重	おも（い）	重③
9	降	お（りろ）	降⑥
12	広	ひろ（い）	広②
12	草原	そう／げん	草①／原②
12	海賊	かい／ぞく	海②／賊㊥
12	主人公	しゅ／じん／こう	主③／人①／公②
12	大変	たい／へん	大①／変④
12	掃除	そう／じ	掃㊥／除⑥
12	用具	よう／ぐ	用②／具③
12	入	い（れ）	入①
14	総大将	そう／だい／しょう	総⑤／大①／将⑥
14	牛魔王	ぎゅう／ま／おう	牛②／魔㊥／王①
14	投石器	とう／せき／き	投③／石①／器④
14	点火	てん／か	点②／火①
14	撃	う（て）	撃㊥
15	血	ち	血③
15	祭	まつ（り）	祭③
15	逃	に（げる）	逃㊥
15	者	もの	者③
15	包囲	ほう／い	包④／囲④
15	弓	ゆみ	弓②
15	射	い（る）	射⑥
15	金閣	きん／かく	金①／閣⑥
15	銀閣	ぎん／かく	銀③／閣⑥
15	兄	あに	兄②
15	弟	おとうと	弟②
16	軍	ぐん	軍④
16	勝利	しょう／り	勝③／利④
16	残党	ざん／とう	残④／党⑥
16	追	お（って）	追③
16	討	う（ち）	討⑥
16	取	と（る）	取③
16	戦争	せん／そう	戦④／争④
17	兵士	へい／し	兵④／士④
17	馬	うま	馬②
17	遺体	い／たい	遺⑥／体②
17	山	やま	山①
17	古代	こ／だい	古②／代③
17	中国	ちゅう／ごく	中①／国②
17	服装	ふく／そう	服③／装⑥
17	見	み（て）	見①
17	社会	しゃ／かい	社②／会②
17	習	なら（った）	習③
17	土	つち	土①
17	人形	にん／ぎょう	人①／形②
17	約	やく	約④
17	八千体	はち／せん／たい	八①／千①／体②

ページ	漢字	読み	習う学年
17	発見	はっ／けん	発③／見①
17	原因	げん／いん	原②／因⑤
17	責任	せき／にん	責⑤／任⑤
17	孫悟空	そん／ご／くう	孫④／悟㊥／空①
18	方位	ほう／い	方②／位④
18	磁石	じ／しゃく	磁⑥／石①
18	方角	ほう／がく	方②／角②
18	泣き言	な（き）／ごと	泣④／言②
18	垂	た（れて）	垂⑥
18	言	い（う）	言②
18	解決策	かい／けつ／さく	解⑤／決③／策⑥
18	示	しめ（せ）	示⑤
18	元	もと	元②
18	枚	まい	枚⑥
18	集	あつ（め）	集③
19	女性	じょ／せい	女①／性⑤
19	声	こえ	声②
19	天	てん	天①
19	神様	かみ／さま	神③／様③
19	希望	き／ぼう	希④／望④
19	腹	はら	腹⑥
19	減	へ（った）	減⑤
20	強引	ごう／いん	強②／引②
20	性格	せい／かく	性⑤／格⑤
20	目	め	目①
20	音楽	おん／がく	音①／楽②

第一章で出てくる漢字

ページ	漢字	読み カッコ内は送りがな	習う学年 例）③：3年生 ㊥は中学生以上
21	第一章	だい／いっ／しょう	第③／一①／章③
22	暑	あつ（い）	暑③
22	干	ひ	干⑥
22	水	みず	水①
22	飲	の（み）	飲③
22	河	かわ	河⑤
22	湖	みずうみ	湖③
22	訳	わけ	訳⑥
22	池	いけ	池②
22	小川	お／がわ	小①／川①
22	一歩	いっ／ぽ	一①／歩②
22	歩	ある（け）	歩②
22	心	こころ	心②
22	折	お（れた）	折④
22	足	あし	足①
22	棒	ぼう	棒⑥
22	休	やす（もう）	休①
23	骨	ほね	骨⑥
23	付	つ（き）	付④
23	場合	ば／あい	場②／合②
23	母	かあ（さん）	母②
24	満点	まん／てん	満④／点②

24	答案	とう／あん	答②／案④
24	用紙	よう／し	用②／紙②
24	驚	おどろ（く）	驚㊥
24	置	お（いて）	置④
24	疲	つか（れ）	疲㊥
25	紙	かみ	紙②
25	仕事	し／ごと	仕③／事③
25	忙	いそが（しい）	忙㊥
25	自分	じ／ぶん	自②／分②
25	片	かた（づけ）	片⑥
25	冷蔵庫	れい／ぞう／こ	冷④／蔵⑥／庫③
25	荷物	に／もつ	荷③／物③
25	手伝	て／つだ（って）	手①／伝④
25	嫌	きら（い）	嫌㊥
26	勤務	きん／む	勤⑥／務⑤
26	文句	もん／く	文①／句⑤
26	給料	きゅう／りょう	給④／料④
26	大切	たい／せつ	大①／切②
26	億万	おく／まん	億④／万②
26	長者	ちょう／じゃ	長②／者③
26	楽	らく	楽②
26	思	おも（って）	思②
26	勉強	べん／きょう	勉③／強②
26	朝	あさ	朝②
26	昼	ひる	昼②
26	晩	ばん	晩⑥

26	努力	ど／りょく	努④／力①
26	冷	つめ（たい）	冷④
26	子	こ	子①
27	村	むら	村①
27	幸運	こう／うん	幸③／運③
27	通	とお（り）	通②
27	助	たす（け）	助③
27	鼻	はな	鼻③
27	先	さき	先①
27	私	わたし	私⑥
28	家族	か／ぞく	家②／族③
28	里	さと	里②
28	貧	まず（しい）	貧⑤
28	農家	のう／か	農③／家②
28	茶	ちゃ	茶②
28	豆	まめ	豆③
28	位	くらい	位④
28	頂	いただ（き）	頂⑥
28	遠慮	えん／りょ	遠②／慮㊥
29	客人	きゃく／じん	客③／人①
29	辺	へん	辺④
29	来	こ（られ）	来②
29	日本	にっ／ぽん	日①／本①
29	別	べつ	別④
29	通	つう（じる）	通②
29	説明	せつ／めい	説④／明②

29	代	か（わり）	代③
29	胃	い	胃④
29	腸	ちょう	腸④
29	栄養	えい／よう	栄④／養④
29	染	し（み）	染⑥
29	表	おもて	表③
30	砂漠	さ／ばく	砂⑥／漠㊥
30	軍団	ぐん／だん	軍④／団⑤
31	宣告	せん／こく	宣⑥／告④
31	一帯	いっ／たい	一①／帯④
31	国境	こっ／きょう	国②／境⑤
31	警備隊	けい／び／たい	警⑥／備⑤／隊④
31	全	すべ（て）	全③
31	倒	たお（した）	倒㊥
31	地区	ち／く	地②／区③
31	牛馬	ぎゅう／ば	牛②／馬②
31	草木	くさ／き【そう／ぼく】	草①／木①
31	至	いた（る）	至⑥
31	支配	し／はい	支⑤／配③
31	先祖	せん／ぞ	先①／祖⑤
31	始	はじ（め）	始③
31	捧	ささ（げよ）	捧㊥
31	命令	めい／れい	命③／令④
31	従	したが（わねば）	従⑥
31	燃	も（やし）	燃⑤
31	灰	はい	灰⑥

32	適当	てき／とう	適⑤／当②
32	選	えら（ぶ）	選④
32	翌朝	よく／あさ	翌⑥／朝②
32	連	つ（れて）	連④
32	来	こ（い）	来②
32	安心	あん／しん	安③／心②
32	最高	さい／こう	最④／高②
32	味	あじ	味③
32	食	く（って）	食②
33	子供	こ／ども	子①／供⑥
33	達	たち	達④
33	困	こま（って）	困⑥
33	捨	す（てる）	捨⑥
33	守	まも（る）	守③
33	命	いのち	命③
33	恩人	おん／じん	恩⑤／人①
33	見殺	み／ごろ（し）	見①／殺④
33	後悔	こう／かい	後②／悔㊥
33	一生	いっ／しょう	一①／生①
33	過	す（ごす）	過⑤
34	鋼鉄	こう／てつ	鋼⑥／鉄③
34	一刀	いっ／とう	一①／刀②
34	両断	りょう／だん	両③／断⑤
34	刀	かたな	刀②
34	今度	こん／ど	今②／度③
34	粉	こな	粉④

34	散	ち（る）	散④
35	武器	ぶ／き	武⑤／器④
35	無理	む／り	無④／理②
35	正義	せい／ぎ	正①／義⑤
35	必	かなら（ず）	必④
35	勝	か（つ）	勝③
35	兄弟	きょう／だい	兄②／弟②
35	接近	せっ／きん	接⑤／近②
35	提案	てい／あん	提⑤／案④
36	地域	ち／いき	地②／域⑥
36	制圧	せい／あつ	制⑤／圧⑤
36	祝福	しゅく／ふく	祝④／福③
36	届	とど（け）	届⑥
36	参	まい（り）	参④
36	台車	だい／しゃ	台②／車①
36	後	うし（ろ）	後②
36	袋	ふくろ	袋㊥
37	米	こめ	米②
37	小麦粉	こ／むぎ／こ	小①／麦②／粉④
37	穀物	こく／もつ	穀⑥／物③
37	魚貝類	ぎょ／かい／るい	魚②／貝①／類④
37	野菜	や／さい	野②／菜④
37	実	み	実③
37	牛乳	ぎゅう／にゅう	牛②／乳⑥
37	卵	たまご	卵⑥
37	紅茶	こう／ちゃ	紅⑥／茶②

37	極上	ごく／じょう	極④／上①
37	素材	そ／ざい	素⑤／材④
37	近	ちか（く）	近②
37	中	なか	中①
37	覧	らん	覧⑥
37	気	き	気①
37	利	き（く）	利④
37	疑	うたが（わしい）	疑⑥
37	開	あ（けて）	開③
37	肥満児	ひ／まん／じ	肥⑤／満④／児④
37	丸	まる	丸②
37	太	ふと（って）	太②
37	目玉	め／だま	目①／玉①
37	内臓	ない／ぞう	内②／臓⑥
37	舌	した	舌⑤
38	術	じゅつ	術⑤
38	巻き物	ま（き）／もの	巻⑥／物③
38	授	さず（け）	授⑤
38	興奮	こう／ふん	興⑤／奮⑥
38	月夜	つき／よ	月①／夜②
40	争	あらそ（い）	争④
40	装	よそお（って）	装⑥
40	計画	けい／かく	計②／画②
40	浅	あさ（い）	浅④
40	共	ども	共④
40	墓	はか	墓⑤

40	準備	じゅん／び	準⑤／備⑤
40	弱	よわ（い）	弱②
41	書	か（いて）	書②
41	上	うえ	上①
41	岩	いわ	岩②
41	落	お（ちて）	落③
41	意味	い／み	意③／味③
41	破	やぶ（れ）	破⑤
41	貧弱	ひん／じゃく	貧⑤／弱②
42	虫	むし	虫①
42	蒸し焼き	む（し）／や（き）	蒸⑥／焼④
42	雨	あめ	雨①
42	降	ふ（る）	降⑥
43	潔	いさぎよ（く）	潔⑤
43	死	し（ね）	死③
43	筋斗雲	きん／と／うん	筋⑥／斗㊥／雲②
45	分身	ぶん／しん	分②／身③
45	縄	なわ	縄㊥
45	解	と（け）	解⑤
45	拾	ひろ（って）	拾③
45	渡	わた（せ）	渡㊥
46	成敗	せい／ばい	成④／敗④
46	伸	の（びろ）	伸㊥
46	縮	ちぢ（み）	縮⑥
46	自在	じ／ざい	自②／在⑤
47	兵隊	へい／たい	兵④／隊④

47	往生	おう／じょう	往⑤／生①
47	根	ね	根③
47	完全	かん／ぜん	完④／全③
47	止	と（めろ）	止②
47	数	かず	数②
47	敵兵	てき／へい	敵⑤／兵④
48	不規則	ふ／き／そく	不④／規⑤／則⑤
48	並	なら（んだ）	並⑥
48	文字	も／じ	文①／字①
48	暗号	あん／ごう	暗③／号③
48	礼	れい	礼③
49	正解	せい／かい	正①／解⑤
50	負	ま（け）	負③
50	忠誠	ちゅう／せい	忠⑥／誠⑥
50	唱	とな（える）	唱④
50	勘弁	かん／べん	勘㊥／弁⑤
51	天才	てん／さい	天①／才②
51	秘密	ひ／みつ	秘⑥／密⑥
51	必死	ひっ／し	必④／死③
51	脳	のう	脳⑥
51	働	はたら（かせ）	働④
51	不思議	ふ／し／ぎ	不④／思②／議④
51	頭	あたま	頭②
51	整理	せい／り	整③／理②
51	首	くび	首②
51	下	さ（がって）	下①

52	**現**	あらわ（れ）	現⑤
53	**救**	すく（われ）	救④
53	**申**	もう（せ）	申③
53	**旅**	たび	旅③
53	**方**	かた	方②
53	**名前**	な／まえ	名①／前②

第二章で出てくる漢字

ページ	漢字	読み カッコ内は送りがな	習う学年 例）③：3年生 ㊥は中学生以上
57	**着**	つ（いた）	着③
57	**少**	すく（なく）	少②
57	**校舎**	こう／しゃ	校①舎⑤
58	**外国**	がい／こく	外②／国②
58	**都会**	と／かい	都③／会②
58	**個**	こ	個⑤
59	**知**	し（る）	知②
59	**漁師**	りょう／し	漁④／師⑤
59	**町**	まち	町①
59	**尋**	たず（ね）	尋㊥
59	**空**	そら	空①
59	**鳥**	とり	鳥②
59	**浮**	う（いた）	浮㊥
60	**寄**	よ（せて）	寄⑤
60	**岸辺**	きし／べ	岸③／辺④
60	**波**	なみ	波③
60	**氷**	こおり	氷③
60	**固**	かた（まった）	固④
60	**静**	しず（か）	静④
60	**絵**	え	絵②
60	**存在**	そん／ざい	存⑥／在⑤
61	**動**	うご（く）	動③

62	統一	とう／いつ	統⑤／一①
62	胸	むね	胸⑥
62	胸元	むな／もと	胸⑥／元②
63	仕業	し／わざ	仕③／業③
63	永遠	えい／えん	永⑤／遠②
63	美	うつく（しく）	美③
63	生	い（きる）	生①
63	年	とし	年①
63	取	と（らない）	取③
63	起	お（こらない）	起③
63	楽園	らく／えん	楽②／園②
64	自然	し／ぜん	自②／然④
64	流	なが（れる）	流③
64	経過	けい／か	経⑤／過⑤
64	素晴	す／ば（らしい）	素⑤／晴②
64	教	おし（え）	教②
64	差	さ（し）	差④
64	住	す（む）	住③
64	側	がわ	側④
64	映	うつ（し）	映⑥
64	真実	しん／じつ	真③／実③
64	鏡	かがみ	鏡④
64	様子	よう／す	様③／子①
65	特訓	とっ／くん	特④／訓④
65	成果	せい／か	成④／果④
65	反応	はん／のう	反③／応⑤

65	球技	きゅう／ぎ	球③／技⑤
65	基本	き／ほん	基⑤／本①
65	惜	お（しかった）	惜㊥
65	練習	れん／しゅう	練③／習③
65	終了	しゅう／りょう	終③／了㊥
65	講堂	こう／どう	講⑤／堂④
65	横	よこ	横③
65	倉庫	そう／こ	倉④／庫③
66	失敗	しっ／ぱい	失④／敗④
66	笑	わら（って）	笑④
66	次	つぎ	次③
67	商品	しょう／ひん	商③／品③
67	駅	えき	駅③
67	薬局	やっ／きょく	薬③／局③
67	七円	なな／えん	七①／円①
67	安	やす（かった）	安③
67	損	そん	損⑤
67	開封	かい／ふう	開③／封㊥
67	返却	へん／きゃく	返③／却㊥
67	願	ねが（って）	願④
68	店長	てん／ちょう	店②／長②
68	役立	やく／た（たず）	役③／立①
68	労働	ろう／どう	労④／働④
68	必要	ひつ／よう	必④／要④
68	災害	さい／がい	災⑤／害④
68	犯罪	はん／ざい	犯⑤／罪⑤

68	混乱	こん／らん	混⑤／乱⑥
68	老化	ろう／か	老④／化③
68	病気	びょう／き	病③／気①
69	夕飯	ゆう／はん	夕①／飯④
71	重	かさ（ね）	重③
71	新	あたら（しい）	新②
71	喜	よろこ（び）	喜④
71	生	う（まれる）	生①
72	価値	か／ち	価⑤／値⑥
73	割	わ（れ）	割⑥
73	停止	てい／し	停④／止②
73	許	ゆる（せない）	許⑤
73	禁断	きん／だん	禁⑤／断⑤
73	始末	し／まつ	始③／末④
73	矢	や	矢②
74	振	ふ（り）	振㊥
75	漢字	かん／じ	漢③／字①
75	線	せん	線②
75	足	た（す）	足①
75	失	しつ	失④
75	指	ゆび	指③
75	筆	ふで	筆③
75	童話	どう／わ	童③／話②
75	芸当	げい／とう	芸④／当②
75	身	み	身③
75	程	ほど	程⑤

76	象	ぞう	象④
77	左	ひだり	左①
77	加	くわ（えて）	加④
77	像	ぞう	像⑤
78	処刑	しょ／けい	処⑥／刑㊥
78	切	き（る）	切②
79	刻	きざ（まれろ）	刻⑥
79	成功	せい／こう	成④／功④
80	割	さ（かれる）	割⑥
80	恐怖	きょう／ふ	恐㊥／怖㊥
80	叫	さけ（ぶ）	叫㊥
80	裏	うら	裏⑥
81	残念	ざん／ねん	残④／念④
81	降参	こう／さん	降⑥／参④
82	魚	さかな	魚②
83	再	ふたた（び）	再⑤
83	街	まち	街④
83	海岸沿	かい／がん／ぞ（い）	海②／岸③／沿⑥
83	豊富	ほう／ふ	豊⑤／富⑤
83	幸	さち	幸③
83	積	つ（んで）	積④
83	大漁旗	たい／りょう／き	大①／漁④／旗④
83	船	ふね	船②
83	走	はし（り）	走②
83	谷間	たに／ま	谷②／間②
83	枝	えだ	枝⑤

83	芽	め	芽④
83	田畑	た／はた	田①／畑③
83	耕	たがや（し）	耕⑤
83	採	と（れ）	採⑤
83	果物	くだ／もの	果④／物③
83	売	う（られ）	売②
83	多	おお（く）	多②
83	競	きそ（って）	競④
83	列	れつ	列③
83	新鮮	しん／せん	新②／鮮㊥
83	魚屋	さかな／や	魚②／屋③
83	元気	げん／き	元②／気①
83	営業	えい／ぎょう	営⑤／業③
83	半額	はん／がく	半②／額⑤
83	利益	り／えき	利④／益⑤
83	糸	いと	糸①
83	織	お（られた）	織⑤
83	布	ぬの	布⑤
83	輝	かがや（いて）	輝㊥
84	太陽	たい／よう	太②／陽③
84	光	ひかり	光②
84	並	な（み）	並⑥
84	照	て（らし）	照④
84	港	みなと	港③
84	貿易船	ぼう／えき／せん	貿⑤／易⑤／船②
84	汽笛	き／てき	汽②／笛③

84	鳴	な（らし）	鳴②
84	出航	しゅっ／こう	出①／航④
84	窓	まど	窓⑥
84	送	おく（り）	送③
84	笑顔	え／がお	笑④／顔②
84	南風	みなみ／かぜ	南②／風②
84	潮	しお	潮⑥
84	運	はこ（んで）	運③
84	暮	く（れれば）	暮⑥
84	灯	とも（り）	灯④
84	羽	は（ばたいて）	羽②
84	巣	す	巣④
84	飛	と（ぶ）	飛④
84	無事	ぶ／じ	無④／事③
85	青空	あお／ぞら	青①／空①
85	市場	いち／ば	市②／場②
85	賛成	さん／せい	賛⑤／成④
85	洋服	よう／ふく	洋③／服③
85	着	き（た）	着③

第三章で出てくる漢字

ページ	漢字	読み（カッコ内は送りがな）	習う学年（例）③：3年生 ㊥は中学生以上）
88	夜	よる	夜②
88	結構	けっ／こう	結④／構⑤
88	寒	さむ（い）	寒③
88	宇宙	う／ちゅう	宇⑥／宙⑥
88	化	ば（け）	化③
89	平気	へい／き	平③／気①
89	乗	の（って）	乗③
90	泉	いずみ	泉⑥
90	温泉	おん／せん	温③／泉⑥
90	浴	あ（び）	浴④
90	丁度	ちょう／ど	丁③／度③
91	泳	およ（ぐ）	泳③
91	向	む（こう）	向③
91	大丈夫	だい／じょう／ぶ	大①／丈㊥／夫④
91	絶対	ぜっ／たい	絶⑤／対③
91	温	あたた（かくて）	温③
91	湯加減	ゆ／か／げん	湯③／加④／減⑤
92	朗	ほが（らか）	朗⑥
92	親分	おや／ぶん	親②／分②
92	若	わか（い）	若⑥
92	妻	つま	妻⑤
92	体	からだ	体②
92	洗	あら（った）	洗⑥
93	悲鳴	ひ／めい	悲③／鳴②
93	北	きた	北②
94	去	さ（られ）	去③
94	早速	さっ／そく	早①／速③
94	試	ため（して）	試④
95	単純	たん／じゅん	単④／純⑥
95	中央	ちゅう／おう	中①／央③
95	座	すわ（って）	座⑥
95	真正面	ま／しょう／めん	真③／正①／面③
95	周	まわ（り）	周④
95	観察	かん／さつ	観④／察④
96	歌	うた（え）	歌②
96	口	くち	口①
96	貴重	き／ちょう	貴⑥／重③
96	結婚	けっ／こん	結④／婚㊥
96	相手	あい／て	相③／手①
96	困難	こん／なん	困⑥／難⑥
96	絹	きぬ	絹⑥
96	道	みち	道②
96	陸路	りく／ろ	陸④／路③
96	輸送	ゆ／そう	輸⑤／送③
97	断	ことわ（り）	断⑤
97	夜	よる	夜②
97	祝	いわ（い）	祝④
97	冗談	じょう／だん	冗㊥／談③

97	羊	ひつじ	羊③
97	同	おな（じ）	同②
97	皿	さら	皿③
97	盛	も（り）	盛⑥
97	選択	せん／たく	選④／択㊥
97	誤	あやま（った）	誤⑥
97	人数	にん／ずう	人①／数②
97	酒	さけ	酒③
97	酔	よ（い）	酔㊥
97	余計	よ／けい	余⑤／計②
98	逆	さか（らう）	逆⑤
98	容赦	よう／しゃ	容⑤／赦㊥
99	力	ちから	力①
100	財宝	ざい／ほう	財⑤／宝⑥
100	穴	あな	穴⑥
100	奥	おく	奥㊥
100	鉱脈	こう／みゃく	鉱⑤／脈④
100	記	しる（し）	記②
100	地図	ち／ず	地②／図②
100	貯	た（めた）	貯④
100	有能	ゆう／のう	有③／能⑤
101	底	そこ	底④
101	縦	たて	縦⑥
101	進	すす（め）	進③
101	熟語	じゅく／ご	熟⑥／語②
101	問題	もん／だい	問③／題③

101	簡単	かん／たん	簡⑥／単④
102	鳥	ちょう	鳥②
102	注意	ちゅう／い	注③／意③
102	油断	ゆ／だん	油③／断⑤
102	危	き	危⑥
102	機	き	機④
103	皮	かわ	皮③
104	危機一髪	き／き／いっ／ぱつ	髪㊥
105	合流	ごう／りゅう	合②／流③
105	橋	はし	橋③
105	冒険	ぼう／けん	冒㊥／険⑤
105	男	おとこ	男①
105	求	もと（め）	求④
105	二束三文	に／そく／さん／もん	二①／束④／三①／文①
105	五里霧中	ご／り／む／ちゅう	五①／里②／霧㊥／中①
105	単刀直入	たん／とう／ちょく／にゅう	単④／刀②／直②／入①
105	異口同音	い／く／どう／おん	異⑥／口①／同②／音①
105	到達	とう／たつ	到㊥／達④
105	箱	はこ	箱③
106	古	ふる（びた）	古②
107	仏	ほとけ	仏⑤

107	**操**	あやつ（られ）	操⑥
108	**解放**	かい／ほう	解⑤／放③
108	**感謝**	かん／しゃ	感③／謝⑤
108	**夢**	ゆめ	夢⑤
109	**留**	とど（まる）	留⑤
110	**民衆**	みん／しゅう	民④／衆⑥
110	**清純派**	せい／じゅん／は	清④／純⑥／派⑥
110	**作詞**	さく／し	作②／詞⑥
110	**作曲**	さっ／きょく	作②／曲③
110	**演奏**	えん／そう	演⑤／奏⑥
110	**選手**	せん／しゅ	選④／手①
110	**初**	はつ	初④
110	**快挙**	かい／きょ	快⑤／挙④
110	**優勝**	ゆう／しょう	優⑥／勝③
110	**尊敬**	そん／けい	尊⑥／敬⑥
110	**座**	ざ	座⑥
110	**欲望**	よく／ぼう	欲⑥／望④
110	**好物**	こう／ぶつ	好④／物③
110	**限**	かぎ（り）	限⑤
110	**回転**	かい／てん	回②／転③
111	**拝見**	はい／けん	拝⑥／見①
111	**階**	かい	階③
111	**東京**	とう／きょう	東②／京②
111	**夜景**	や／けい	夜②／景④
111	**下**	した	下①
111	**新幹線**	しん／かん／せん	新②／幹⑤／線②
111	**著名人**	ちょ／めい／じん	著⑥／名①／人①
111	**臨海**	りん／かい	臨⑥／海②
111	**高層**	こう／そう	高②／層⑥
111	**賃貸**	ちん／たい	賃⑥／貸⑤
112	**効果**	こう／か	効⑤／果④
112	**換**	か（えよう）	換㊥
113	**所**	ところ	所③
113	**大量**	たい／りょう	大①／量④
113	**札束**	さつ／たば	札④／束④
113	**得**	え（た）	得④
113	**通帳**	つう／ちょう	通②／帳③
113	**一兆円**	いっ／ちょう／えん	一①／兆④／円①
113	**預金**	よ／きん	預⑤／金①
113	**納税者**	のう／ぜい／しゃ	納⑥／税⑤／者③
113	**金銭**	きん／せん	金①／銭⑤
113	**眼**	め	眼⑤
113	**悲**	かな（しい）	悲③
114	**覚**	さ（める）	覚④
114	**自**	みずか（ら）	自②
114	**実現**	じつ／げん	実③／現⑤
117	**不明**	ふ／めい	不④／明②
117	**都**	みやこ	都③
118	**打**	う（ち）	打③
118	**国**	くに	国②
118	**勇気**	ゆう／き	勇④／気①
118	**忘**	わす（れ）	忘⑥

第四章で出てくる漢字

ページ	漢字	読み（カッコ内は送りがな）	習う学年（例）③：3年生　㊥は中学生以上）
120	船酔	ふな／よ（い）	船②／酔㊥
121	主演	しゅ／えん	主③／演⑤
121	暴	あば（れ）	暴⑤
121	銅貨	どう／か	銅⑤／貨④
122	板	いた	板③
122	記述	き／じゅつ	記②／述⑤
122	文章	ぶん／しょう	文①／章③
122	改	あらた（め）	改④
122	採掘	さい／くつ	採⑤／掘㊥
122	法律	ほう／りつ	法④／律⑥
122	厳密	げん／みつ	厳⑥／密⑥
122	昨年	さく／ねん	昨④／年①
122	発売	はつ／ばい	発③／売②
122	経済	けい／ざい	経⑤／済⑥
122	誌	し	誌⑥
122	収録	しゅう／ろく	収⑥／録④
123	内容	ない／よう	内②／容⑤
123	精製	せい／せい	精⑤／製⑤
123	品質	ひん／しつ	品③／質⑤
123	光	ひか（った）	光②
123	正	ただ（しい）	正①
123	専門	せん／もん	専⑥／門②
123	週刊	しゅう／かん	週②／刊⑤
123	難	むずか（しい）	難⑥
124	壊	こわ（し）	壊㊥
125	答	こた（え）	答②
126	資格	し／かく	資⑤／格⑤
126	推測	すい／そく	推⑥／測⑤
126	短	みじか（く）	短③
126	済	す（んだ）	済⑥
126	理由	り／ゆう	理②／由③
127	我慢	が／まん	我⑥／慢㊥
127	短所	たん／しょ	短③／所③
127	攻略	こう／りゃく	攻㊥／略⑤
127	場所	ば／しょ	場②／所③
127	有	あ（る）	有③

第五章で出てくる漢字

ページ	漢字	読み カッコ内は送りがな	習う学年 例）③：3年生 ㊥は中学生以上
130	土星	ど／せい	土①／星②
130	銀河系	ぎん／が／けい	銀③／河⑤／系⑥
130	星	ほし	星②
131	温暖	おん／だん	温③／暖⑥
131	森	もり	森①
131	緑	みどり	緑③
131	植物	しょく／ぶつ	植③／物③
131	高	たか（い）	高②
131	樹木	じゅ／もく	樹⑥／木①
131	赤	あか	赤①
131	黄色	き／いろ	黄②／色②
131	花	はな	花①
131	咲	さ（いて）	咲㊥
131	低	ひく（い）	低④
131	白	しろ（い）	白①
131	雪	ゆき	雪②
131	厚	あつ（い）	厚⑤
131	気候	き／こう	気①／候④
131	密林	みつ／りん	密⑥／林①
131	仁徳	にん／とく	仁⑥／徳⑤
131	天皇	てん／のう	天①／皇⑥
131	皇后	こう／ごう	皇⑥／后⑥
131	陛下	へい／か	陛⑥／下①
131	写真	しゃ／しん	写③／真③
131	建造物	けん／ぞう／ぶつ	建④／造⑤／物③
131	宗教	しゅう／きょう	宗⑥／教②
131	寺院	じ／いん	寺②／院③
131	聖堂	せい／どう	聖⑥／堂④
131	宮殿	きゅう／でん	宮③／殿㊥
131	大仏	だい／ぶつ	大①／仏⑤
132	官庁	かん／ちょう	官④／庁⑥
132	昭和	しょう／わ	昭③／和③
132	居住区	きょ／じゅう／く	居⑤／住③／区③
132	屋上	おく／じょう	屋③／上①
132	放牧	ほう／ぼく	放③／牧④
132	紀	き	紀④
133	春夏	しゅん／か	春②／夏②
133	秋冬	しゅう／とう	秋②／冬②
133	季節	き／せつ	季④／節④
134	恐竜	きょう／りゅう	恐㊥／竜㊥
134	劇的	げき／てき	劇⑥／的④
135	録画	ろく／が	録④／画②
135	確実	かく／じつ	確⑤／実③
135	編集	へん／しゅう	編⑤／集③
135	永久	えい／きゅう	永⑤／久⑤
135	保存版	ほ／ぞん／ばん	保⑤／存⑥／版⑤
135	踏	ふ（み）	踏㊥
136	寸前	すん／ぜん	寸⑥／前②

136	**人間**	にん／げん	人①／間②
137	**刺**	さ（す）	刺㊥
138	**他**	ほか	他③
139	**長**	なが（い）	長②
139	**階段**	かい／だん	階③／段⑥
139	**徒歩**	と／ほ	徒④／歩②
139	**自己**	じ／こ	自②／己⑥
139	**紹介**	しょう／かい	紹㊥／介㊥
140	**犬型**	いぬ／がた	犬①／型④
140	**支**	ささ（え）	支⑤
140	**家臣**	か／しん	家②／臣④
140	**護衛**	ご／えい	護⑤／衛⑤
140	**似**	に（て）	似⑤
140	**比率**	ひ／りつ	比⑤／率⑤
140	**種族**	しゅ／ぞく	種④／族③
140	**機械**	き／かい	機④／械④
140	**設計**	せっ／けい	設⑤／計②
140	**株式**	かぶ／しき	株⑥／式③
140	**試作**	し／さく	試④／作②
140	**部署**	ぶ／しょ	部③／署⑥
140	**修復**	しゅう／ふく	修⑤／復⑤
140	**壊**	こわ（れ）	壊㊥
141	**革命的**	かく／めい／てき	革⑥／命③／的④
141	**工場**	こう／じょう	工②／場②
141	**卒業**	そつ／ぎょう	卒④／業③
141	**拡張**	かく／ちょう	拡⑥／張⑤

141	**評判**	ひょう／ばん	評⑤／判⑤
141	**一俵**	いっ／ぴょう	一①／俵⑤
141	**政治**	せい／じ	政⑤／治④
141	**一票**	いっ／ぴょう	一①／票④
141	**夫婦**	ふう／ふ	夫④／婦⑤
141	**増量**	ぞう／りょう	増⑤／量④
141	**調**	ちょう	調③
141	**坂**	さか	坂③
141	**城**	しろ	城⑥
142	**柱**	はしら	柱③
142	**模様**	も／よう	模⑥／様③
142	**大理石**	だい／り／せき	大①／理②／石①
142	**洋風**	よう／ふう	洋③／風②
142	**建築**	けん／ちく	建④／築⑤
142	**連続**	れん／ぞく	連④／続④
142	**延々**	えん／えん	延⑥
142	**登**	のぼ（れ）	登③
142	**燃費**	ねん／ぴ	燃⑤／費④
142	**健康**	けん／こう	健④／康④
142	**管理**	かん／り	管④／理②
142	**糖質**	とう／しつ	糖⑥／質⑤
142	**習慣**	しゅう／かん	習③／慣⑤
143	**担**	かつ（いで）	担⑥
143	**程度**	てい／ど	程⑤／度③
143	**軽**	かる（い）	軽③
143	**研究者**	けん／きゅう／しゃ	研③／究③／者③

143	記憶	き／おく	記②／憶㊥
143	故郷	こ／きょう	故⑤／郷⑥
144	両親	りょう／しん	両③／親②
144	寝	ね（て）	寝㊥
144	領主	りょう／しゅ	領⑤／主③
146	彼女	かの／じょ	彼㊥／女①
146	状態	じょう／たい	状⑤／態⑤
146	眠	ねむ（って）	眠㊥
146	看護	かん／ご	看⑥／護⑤
146	激	はげ（しい）	激⑥
146	感情	かん／じょう	感③／情⑤
146	盟友	めい／ゆう	盟⑥／友②
146	強	つよ（い）	強②
146	意志	い／し	意③／志⑤
147	机	つくえ	机⑥
147	例	れい	例④
147	良	よ（く）	良④
148	招	まね（かれ）	招⑤
148	訪問者	ほう／もん／しゃ	訪⑥／問③／者③
149	遠	とお（く）	遠②
149	黒	くろ（い）	黒②
149	雲	くも	雲②
149	巨大	きょ／だい	巨㊥／大①
149	昆虫	こん／ちゅう	昆㊥／虫①
149	大群	たい／ぐん	大①／群⑤
150	承知	しょう／ち	承⑤／知②

150	飛行	ひ／こう	飛④／行②
150	変形	へん／けい	変④／形②
150	退治	たい／じ	退⑤／治④
150	防	ふせ（げ）	防⑤
152	言葉	こと／ば	言②／葉③
152	情報	じょう／ほう	情⑤／報⑤
153	仮	かり	仮⑤
154	着陸	ちゃく／りく	着③／陸④
154	損傷	そん／しょう	損⑤／傷⑥
154	負傷	ふ／しょう	負③／傷⑥
154	非常	ひ／じょう	非⑤／常⑤
154	傷	きず	傷⑥
154	治療	ち／りょう	治④／療㊥
154	耳	みみ	耳①
154	故障	こ／しょう	故⑤／障⑥
154	指示	し／じ	指③／示⑤
154	幼虫	よう／ちゅう	幼⑥／虫①
154	尺	しゃく	尺⑥
155	細	ほそ（い）	細②
155	蚕	かいこ	蚕⑥
155	綿毛	わた／げ	綿⑤／毛②
155	毒針	どく／ばり	毒④／針⑥
155	輪	わ	輪④
156	半径	はん／けい	半②／径④
156	可能	か／のう	可⑤／能⑤
156	群	むら（がる）	群⑤

157	**勢**	いきお（い）	勢⑤
157	**液体**	えき／たい	液⑤／体②
157	**仲間**	なか／ま	仲④／間②
159	**手当**	て／あ（て）	手①／当②
160	**閉**	と（ざし）	閉⑥
160	**外**	そと	外②
160	**独**	ひと（り）	独⑤
160	**深**	ふか（い）	深③
160	**産**	う（み）	産④
160	**批判**	ひ／はん	批⑥／判⑤
160	**信**	しん（じ）	信④
161	**学**	まな（んだ）	学①
161	**友**	とも	友②
161	**成**	な（し）	成④
161	**母子家庭**	ぼ／し／か／てい	母②／子①／家②／庭③
161	**育**	そだ（て）	育③
162	**理不尽**	り／ふ／じん	理②／不④／尽㊥
162	**均一**	きん／いつ	均⑤／一①
162	**化粧**	け／しょう	化③／粧㊥
162	**券**	けん	券⑤
162	**就職**	しゅう／しょく	就⑥／職⑤
162	**孝行**	こう／こう	孝⑥／行②
162	**納得**	なっ／とく	納⑥／得④
162	**直面**	ちょく／めん	直②／面③

162	**順序**	じゅん／じょ	順④／序⑤
162	**逆**	ぎゃく	逆⑤
163	**認**	みと（め）	認⑥
163	**知識**	ち／しき	知②／識⑤
163	**未来**	み／らい	未④／来②
163	**目標**	もく／ひょう	目①／標④
164	**好**	す（き）	好④
164	**交通**	こう／つう	交②／通②
164	**亡**	な（くし）	亡⑥
164	**移**	うつ（す）	移⑤
164	**父**	ちち	父①
164	**全**	まった（く）	全③
164	**平等**	びょう／どう	平③／等③
164	**権利**	けん／り	権⑥／利④
165	**音**	おと	音①
166	**愛**	あい	愛④
168	**導**	みちび（き）	導⑤
169	**離**	はな（れる）	離㊥
173	**衣服**	い／ふく	衣④／服③
174	**蹴**	け（り）	蹴㊥
174	**直視**	ちょく／し	直②／視⑥
174	**姉**	あね	姉②
174	**妹**	いもうと	妹②
174	**遊**	あそ（び）	遊③
174	**続**	つづ（けて）	続④
175	**浸**	ひた（る）	浸㊥

175	願望	がん／ぼう	願④／望④
175	妄想	もう／そう	妄中／想③
175	共鳴	きょう／めい	共④／鳴②
175	図書館	と／しょ／かん	図②／書②／館③
175	熱心	ねっ／しん	熱④／心②
175	英語	えい／ご	英④／語②
175	辞書	じ／しょ	辞④／書②
175	調査	ちょう／さ	調③／査⑤
176	歴史	れき／し	歴④／史④
176	江戸	え／ど	江中／戸②
176	幕府	ばく／ふ	幕⑥／府④
176	発展	はっ／てん	発③／展⑥
176	九州	きゅう／しゅう	九①／州③
176	郡	ぐん	郡④
176	県	けん	県③
176	憲法	けん／ぽう	憲⑥／法④
176	条	じょう	条⑤
176	平和論	へい／わ／ろん	平③／和③／論⑥
176	調	しら(べ)	調③
176	旧	きゅう	旧⑤
176	実際	じっ／さい	実③／際⑤
176	創	つく(られ)	創⑥
176	末	すえ	末④
176	博士	はか／せ	博④／士④
176	大臣	だい／じん	大①／臣④
176	司法	し／ほう	司④／法④

176	試験	し／けん	試④／験④
176	弁護士	べん／ご／し	弁⑤／護⑤／士④
176	裁判官	さい／ばん／かん	裁⑥／判⑤／官④
176	倍	ばい	倍③
176	発揮	はっ／き	発③／揮⑥
177	塩	しお	塩④
177	席	せき	席④
178	郵便局	ゆう／びん／きょく	郵⑥／便④／局③
178	年賀状	ねん／が／じょう	年①／賀⑤／状⑤
178	買	か(って)	買②
178	松竹梅	しょう／ちく／ばい	松④／竹①／梅④
178	印刷	いん／さつ	印④／刷④
178	素直	す／なお	素⑤／直②

【著者略歴】

篠崎カズヒロ（しのざき・かずひろ）
吉祥寺在住。自動車の開発業務から漫画家に転身。
少年向けから青年誌、国内外問わずマンガという媒体の可能性を強く信じ活動中。この作品ではキャラクターデザインとメインストーリーを担当。

北田瀧（きただ・たき）
第五回「そして文学賞」受賞で作家デビュー。
里見桂先生画「ファウスト」など漫画原作多数。
映画・テレビのシナリオライター、ゲーム制作など。

学校ふしぎクラブと言葉の国

2018年2月15日　第1刷発行

漫画　篠崎カズヒロ
構成　北田瀧

発行者　土井尚道
発行所　株式会社　飛鳥新社
〒101-0003　東京都千代田区一ツ橋1-4-3　光文恒産ビル
電話　03-3263-7770（営業）03-3263-7773（編集）
http://www.asukashinsha.co.jp

装丁　久藤敦司（G × complex）

印刷・製本　中央精版印刷株式会社

ISBN 978-4-86410-585-9

編集担当　畑北斗